中外文稀有版本文献

《德意志意识形态》

③

德意志
意识形态

【德】卡尔·马克思 【德】弗里德里希·恩格斯 ◎ 著
郭沫若 ◎ 译

中央编译出版社
Central Compilation & Translation Press

前　言

《德意志意识形态》全称《德意志意识形态。对费尔巴哈、布·鲍威尔和施蒂纳所代表的现代德国哲学以及各式各样先知所代表的德国社会主义的批判》，是马克思和恩格斯共同撰写的阐述唯物史观和共产主义理论的重要著作。这部著作共分为两卷，第一卷批评了路·费尔巴哈、布·鲍威尔、麦·施蒂纳的唯心史观，阐发了唯物史观的基本原理，论述了共产主义和无产阶级的革命的理论；第二卷批判了当时在德国流行的所谓“真正的社会主义”或“德国社会主义”，揭示了这种假社会主义的哲学基础、社会根源和阶级本质；该书揭示了人类社会发展的一般规律，论证了共产主义取代资本主义的历史必然性，提出了无产阶级夺取政权、消灭私有制、建设共产主义新社会的任务。

《德意志意识形态》是马克思和恩格斯于1845年至1846年共同完成的一部巨著，原文是德文。由于普鲁士官方书报检查机关的阻挠以及出版商对书中部分内容的担忧，这部著作在出版的道路上命运多舛，一直未能全部出版，仅仅第二卷的第四章在《威斯特伐利亚汽船》杂志1847年8月号和9月号上发表过。前苏共中央马克思列宁主义研究院于1932年首次全文用德文出版，1933年用俄文出版。

《德意志意识形态》第一卷第一章“费尔巴哈”是未完成的手稿。在手稿中，这一章原来的标题是“一、费尔巴哈”。马克思逝世后，恩格斯在整理其遗稿时，在手稿第一章的结尾处写有“一、费尔巴哈。唯物主义观点和唯心主义观点的对立”，很显然这是他对原有标题所作的具体说明。

由于《德意志意识形态》原文公开出版较迟，其传入中国的时间也较晚。1930年4月，上海亚东图书馆出版了程始仁编译的《辩证法经典》一书，含有《唯物的见解和唯心的见解之对立》一文，即《德意志意识形态》第一卷的摘译。1932年5月，上海昆仑书店出版了杨东莼、宁敦伍翻译的《费尔巴哈论》（又名《机械论的唯物论批判》）一书，含有《观念论的见解与唯物论的见解之对立》一文，即《德意志意识形态》第一卷摘译。1937年2月，南京《时事类编》第五卷第三期刊载荃麟翻译的《社会意识形态概说》一文，即《德意志意识形态》第一卷摘译。

1938年11月，上海言行出版社出版了郭沫若翻译的《德意志意识形态》一书，内容包括“马克思所著《德意志观念体系》序文之初稿”即“《德意志意识形态》第一卷序言”、“费尔巴哈——唯物论与唯心论的见解之对立”即《德意志意识形态》第一卷第一章“费尔巴哈。唯物主义观点和唯心主义观点的对立”的片断、“费尔巴哈论纲”，以及“译者弁言”和李亚山诺夫写的“编者导言”。1947年3月、1949年4月，该版本两次重印。1941年7月，上海珠林书店出版了克士（即周建人）翻译的《德意志观念体系》一书，即《德意志意识形态》第一卷的摘译。1948年8月，上海大用图书公司出版了周建人翻译的《新哲学手册》一书，将《德意志观念体系》一文收录其中。

中华人民共和国成立后，中央编译局翻译的《德意志意识形态》全新译本最早收录于1960年12月人民出版社出版的《马克思恩格斯全集》第三卷，1961年《德意志意识形态》单行本出版，此后市面流通的版本，基本为中央编译局译本。为进一步推动《德意志意识形态》的研究，中央编译出版社此次整理出版了《德意志意识形态》在全世界传播较为广泛的德文版、英文版（节选），以及1949年前中国出版的几个中文节译本，向国内学者提供权威的版本资料。如有不当之处，敬请批评指正。

张远航

2024年4月

德意志意識形態

原名：德意志觀念體系論

馬克思 恩格斯 著

郭沫若 譯

言行出版社刊行

中華民國廿七年十一月初版
實價一元六角

德意志意識形態

著者　馬克思　恩格斯
譯者　郭沫若
出版者　言行出版社

總發行所　言行出版社

目次

譯 者 弁 言

這部書是馬克思與昂格斯合著的遺稿　是由蘇俄莫斯科馬克思•昂格斯研究所所長李亞山諾夫氏所編纂的馬克思·昂格斯文庫第一册中(M　x-E gels Arch iv.Bd I S 205—306）翻譯出來的　原題爲

Marx und Engels über Feuerbach

(de　erste Teil d r(Deutsche　Id ologie)

馬克思與昂格斯論費爾巴哈

德意志觀念體系之第一篇

1

這部遺稿之發現以及在馬克思主義上所有的重要的意義　在李亞山諾夫氏

「編者導言」中敘述得很明白。關於原稿之原狀以及清理，李氏在「導言」後尙附有一篇報告「原稿與本刊之編纂」，是用小字排出的；因爲大部分除直接研究原稿或原文之外，對於讀中文譯書的讀者無甚必要　故此省略了。僅在必要的範圍內，把其中的要點撮錄在下邊。——

這部遺稿差不多全部是昂格斯之手筆，馬克思之筆蹟只是一些訂正，添加及旁注之類。但僅由這點不能說本書之作者便是昂格斯。而且寧是反對。特別是第一章（「觀念體系一般，特別是德意志的」），很顯然地可以看出是出於馬克思之口授。第二章好像是昂格斯一八寫的。

這德意志的觀念體系之第一部並未終結而且也並未完成。

原稿是兩種：第一種（主稿）是七一頁之對折版（Folio），另一種（少些的）是三帙對折版（每帙四頁），大約是開始清書出的部分，但各帙不盡連接。

主稿與清書稿都是沒有統一的。主稿中頁數屢有塗改，這所暗示的：是全文不是按部就班的寫成，乃是斷片地寫成之後再行綜匯起來的，有些地方的空隙尙未補充。同時也當得失掉了幾頁或幾帙。（所遺失的頁數與帙數，原文中均曾詳細地揭出。）

還有在整理及印刷上，原編者設定了幾項規則。

（a.）凡被塗改或刪除處，其內容有重要性者，一律揭載了出來　在印刷中是用括弧「　」小字表示，其中再有被塗改處，是用雙重尖括弧『　』。

（b.）在不便一律恢復的時候，便施以脚注。

（c.）原稿旁注或標識　其已標示插入處者已插入本文　無標示而不明者則收入脚注。

（d.）訂正或標識出於馬克思手筆者，於脚注中注明之

（e.）方括弧「　」中文字乃編者之補苴。

（f.）判讀而有疑之字則於方括弧中加問號「？」以表示之，文句不明者則於方括弧中加點線中央置問號（…　？　…）。原稿有汚損或佚失時亦同用此符　於脚注中標明其故。——

以上卽李氏該文之大旨，李氏在原文之整理上是極其矜愼　極其周密的、差不多凡是原稿中可以恢復的文字，無論已塗未塗　正文旁文　都一律恢復了出

一來編者之這種苦心，我們是應當感謝的。

本譯書對於原編者之六項規則，大體上是在一律遵守着，但有些無關宏旨的廢字廢句以及脚注，則多半略去了。因爲文中多插入廢字廢句轉使正文有難讀之嫌，而某字某句爲馬克思或昂格斯所加或所改，均一一注出，亦覺不勝其煩。這在讀中譯文的讀者都是無甚必要的事情。至於欲知道詳盡的人，懂德文的自然能讀原書，不懂德文的至少也請開始學習。其實這種校勘學上的功夫非就原稿本身去研究是無甚意義的，可惜全稿文未如「費爾巴哈論綱」那樣，用影印全部頒布出來，所以要做這項工夫的人，在究極上非到莫斯科研究所去不可。

全稿用影印，這很是譯者所希望的事情——同此希望的人，我想來一定也不會少。因爲李氏所整理出的成果尙有存疑的地方，而且其判讀也不能保其必無千慮之一失。例如「費爾巴哈論綱」第三節原稿第五行逆數第二第三兩字，昂格斯讀爲(Uber ihr)，李亞山諾夫讀爲(Uberihm)，僅是一字乃至一個字母之差，於全文意義便大有逕庭。所以李氏所整理出之成果中，像這類可供考核的地點　我想一定也不會沒有。（譯者在譯注中已揭出可疑之點一二處　詳下。）像這樣的問題，非就原稿，那就無從得其究竟了。

原文比較是難解的一種書籍，又加以是未完成的殘稿，這使解讀的人愈見感覺困難。譯筆主在力求達意，然也極力在希圖保存原文之風格，因而有無數冗句是逸出了中國語法之範圍。這在無德文的乃至一般外國文的素養的人，恐怕會成爲更是使原著難解的要因。譯者不敢相信這是最完善的譯本，誤解或誤譯之處恐也難保　希望有明白的人能夠指正他　更希望有比本譯更完善的譯本出現。據作者所知道的　本書之日文譯本　竟已經出到三種了。凡是一種良書是不妨多得幾種譯本的。

爲便於讀者起見　於原注之外時有譯注附入　在其下大抵標有（譯者）二字以示區別。譯注本想多加，但恐反使讀者麻煩。讀者如有質疑，可由本書之出版處轉文譯者，譯者當盡其解答之勞。

在本書之理解上，所有各種馬克思主義之典籍均可參考，自不待言　但有已成中文的下列二書乃本書之姊妹篇，讀本譯書者，至少當得兼讀。

1. 昂格斯著：費爾巴哈論。

2.馬克思•昂格斯關於唯物論的斷片；

費爾巴哈之各種著作，在中國恐怕尙無譯本。鮑弈爾(Ba er)與斯迭訥(Stirner)的也怕同樣。只是關於斯迭訥的大略，在從前的創造週報上，郁達夫有一篇文字介紹過（題名我已經不記得了）。那篇文章後面有斯迭訥之主著唯一人者與其所有序文之飜譯，那本是我的手筆，讀者如有此書時，也不妨取來參考一下。那種唯心的個人主義，與馬克思主義是形成怎樣的對立，大約可以更容易明瞭。中國的代表資產階級的學究們(Ideologen)實在太無能力了，他們連把他們所當奉行的各種典籍 始終都沒有介紹出來 這是中國社會之飛躍之一實證。

還有幾件小事當得附帶敘明的。

凡原書文句用析體字者本譯書中係於字下用圓點以標識之。

凡名詞所有格一律用「之」 形容詞語尾用「的」，副詞語尾用「地」 如「我的」「你的」等代名詞之領格與形容詞同 則仍用「的」（一般人頗味於此）。

凡中性代名詞用「它」 因比「牠」字筆畫較簡而鉛字較美觀。（牠字之用本我作俑，甚覺不便。）

凡名詞之複數於字前加「諸」或於字後加「們」，於中國語法上雖甚生澀然非此不能表示發格的科學的文字習之當可成為自然。

譯畢後誌此——沫若

編者導言

〔一〕

這部由我們第一次公佈出的原稿，構成着「德意志觀念體系」，卽是馬克思與昂格斯於以對於黑格爾以後的哲學為費爾巴哈（Feuerbach），布魯諾·鮑弈爾（Bruno Bauer），徐迭訥（Stirne）等所代表着的與同德意志的社會主義「含孕於其種種預言者們中的」已曾加以批判的，那部勞作之一部分。

自從馬克思與昂格斯把他們的大作寫下，將近八十年的歲月已經流過去了而迄今尚未曾完全公佈。讓我們費幾句言辭回想到這部「數奇」的原稿之歷史

本書之名最初在刊物上提及的是在一八四七年四月八號之「德比時報」上

馬克思所公佈的一篇聲明書中（署期爲四月六日），在該文中馬克思反駁着「屈梨爾報」所登載着一封通信，就中揭示出，他要把他關於卡爾・格林氏（Karl Grun）著書「法蘭西與比利時之社會運動」「一年以來所已寫就的詳細的論評」送到「韋斯特法爾汽艇」去 這一篇論評是昂格斯和我所共著的：德意志觀念體系（最新的德意志的哲學爲費爾巴哈，布・鮑弈爾，徐迭訥等所代表着的與同德意志的社會主義含孕於其種種預言者們中的之批評）之一份附錄。（一）

隔了十年之後，本書第二次又被提到，而提到的方式，不消說又是——自白：是在一八五九年「經濟學批判」之序文裏面。像昂格斯在「魯德威夷・費爾巴哈論」序文上——在這兒我們又遇着第三次的自白——所說的一樣・「（在該序中）卡爾・馬克思叙及我們兩人一八四五年在比利時所共著『我們的觀點』——唯物史觀——『對於德意志哲學之唯心論的之對照，實際上把我們以前的哲學的良心清算了。這個企圖在黑格爾以後的哲學批判之形態中實現了出來。兩厚册

（一）這篇馬克思的聲明書再錄於佛耶慈 梅林格（Franz Mehring 之論文『再論馬克思與眞正的社會主義』 見新時代十四卷二期 三九六——九七頁。

實的八開紙的原稿已經老早便送到韋斯特法爾的他的出版處去了，後來我們得到消息，說情勢有變 不能夠出版。因爲我們的主要目的——自我理解——既已經達到，我們也就樂得把那部原稿讓諸鼠牙之批判了。「嗣後流逝了四十年的歲月 我們沒再得到重行接觸這個對象之機會，馬克思便已逝世。說到我們對於黑格爾的關係 我們是另星地表白過的，但是從不曾含滙成一個系統。費爾巴哈，他在種種關係上的確是構成着一個中介在黑格爾哲學與我們的觀點之間的 我們是從沒有再行規論到他的名下來」。

在後文我們會要指摘出昂格斯這段敘述中的幾處不正確的地方。不過關於這原稿的問題，他所告訴我們的只是這樣，便是當他把費爾巴哈論送去付印之前，他「曾經把一八四五——四六年的舊稿重新取出，檢閱過」。「論費爾巴哈的一節是沒有完成。已成的部分是構成唯物史觀之敘述，那只表示着我們當時對於經濟史的智識是還怎樣地不充分。對於費爾巴哈式的學理之批判本身是缺乏着的；所以那對於當前的目的是沒有用處」。

十五年後，梅林格才在「馬克思與昂格斯之遺稿」中 關於這項原稿 提供

了兩三補充的資料

「關於德意志觀念體系的一書，凡是已經完成了的，在馬克思與昂格斯所遺留下的稿件中是存在着的。該書之公佈必當延期到他們的全集刊成之後。第一卷內容是對於布魯諾·鮑奕爾，徐迭訥，費爾巴哈諸人之觀點之批判的檢討。德意志觀念體系之第二部是分割於德意志的社會主義之種種的預言者」（梅林格編「遺稿」II，三四六——四七·）

無疑地梅林格是從不會看見過「德意志觀念體系」。他雖然在注解中說，把追踪馬克思與昂格斯觀點之進展作為了自己的課題　但他從卑伯爾（Bebel）或者更正確地是從貝侖斯坦（Bernstein）手中　把馬克思與昂格斯之原稿　不忙說出版至少是連利用的權利都沒爭到。自然他也表示過，說他接受過這樣的一部原稿　那是「萊普啓邪宗教會議」，是他在遺稿中（第九五——一〇二葉）報告過的　我們會看出，這部原稿之「祕密」在他是依然未識。

遺稿集第二卷一出現後，貝倫斯坦便在他的「社會主義文獻」中——一九〇三年正月以後——開始公表出馬克思與昂格斯關於徐迭訥有一大部的原稿。在此著之前所附的引言中，貝倫斯坦指示出，這只是更大的一部著作　馬克思與昂格斯於以和以前的戰友極左翼的黑格爾派「淸算」了的，之一部分。（那部原稿）「在這樣的意義上不僅大有歷史上的興會，而且在內容上有好多處含有不朽的價值」。他還加上了幾句：」那原稿在前端有一個羅馬字的三字，據此可知，那本是一部雋成的著作之一部分了。那發端的幾節和「萊普啓邪宗教會議」是相聯貫的　這書由梅林格在已揭舉的書籍第九九頁以下已經論到。…」

據此我們可以知道，貝倫斯坦在他準備要發表馬克思與昂格斯關於徐迭訥的論著以前，他已朧朦地有一個「全體」之觀念，其他部分在一九〇三年與一九〇四年所出的「社會主義文獻」中已有印行，但未完結。（二）

在「遺稿集」第二版之跋文中（一九一三年），梅林格根據一九〇二年至一九一二年所發表了的新事實　加添了種種的補充　然而對於這已經發表了的馬昂

（二）十年後他從「德意志觀念體系」中反對徐迭訥的部分裏面又發表了一節「我的自我滿足」，在一種用打字機複寫的文藝通報上，即庫爾特・愛斯納爾（Ku t Eisner）所編纂的「勞工文藝」。

明痕，第八期，一九一三年三月九日版。

原稿，却連沒感覺着有提及的必要。

到了一九一八年在馬克思傳記中，梅林格又才提及到德意志觀念體系。（梅林格：卡爾・馬克思，一一五——一一七頁。）在這第二次叙述到馬克思與昂格斯共著的批評黑洛爾以後的哲學之勞作上，梅林格添說道：「鼠牙眞眞正正是把這原稿處理了，不過那未遭鼠害的殘片，却明示着兩位作者對於這場災難不會怎樣悲觀。」這樣的一種話頭，假如是讀過「聖・默苦司」(Heiligen Max)之後說的，至少是有點奇怪。並且我們如把他的下文往後讀去，這話愈見會不通起來。

只有一件事情是明瞭的：梅林格在作爲馬克思與昂格斯之傳記者上與同在作爲遺稿集之編纂者上，竟不知道有這項稿件，那是不能完成其使命的，作與他就算知道，但在一九〇二年以後他都未能或者無心來領教馬克思與昂格斯之這項勞作。他的非難，說是表現章法陳腐，說是激越論調之濫用，說是舞文弄墨，過事雕琢，沒一項可以作爲辯解之理由。在「聖默苦司」中，如像論到古代哲學史，論到世界主義，中世紀教權制，與教權制之一般　論到政治上的自由主義與康德　論到法國革命，論到市民階級與無產階級　論到共產主義　論到人格與階級等等，等等，那些菁粹之處　已充分地足以宣示對於梅林格之意見不能同意——梅格林實際上是由於受着困難——不能將馬克思與昂格斯之全部遺稿弄到手裏——所以才輕易地造出那種「理論」，而下出斷案，說是馬克思和昂格斯這些著作本來是全不關緊要。就這樣在梅林格這部最後的著作中也表示着他一切史事上的著作之根本的缺陷　他是一位批評家和政治記者，而不是一位研究家。

爲徐威澤爾(Schweitzer)作傳的，辜士達夫·邁奕爾（Gustav Mayer），在他爲昂格斯作傳的時候　他開手工作時便不相同。他在第一步便把必要的資料，從印行了的一直到手稿　都蒐集了起來，加以批判。在這個觀點上他實在比梅林格幸福：因爲他得從貝倫斯坦獲得了原稿之一部分。只要把他的著書中關於「德意志的觀念體系之清算」一章(三)通讀一遍　便可以斷言，梅林格是太輕易地把這項權利放棄了，便是——只要黨是已經囑咐了他編纂馬克思與昂格斯之遺稿——他可以由黨的力量去徵求一切編纂上所必要的資料　歸他自由採用。

(三)辜士達夫·邁弈爾著「青年時代之昂格斯　自一八二〇年至一八五一年」第一卷　第二一四—二六二頁。

在邁弈爾所報告的那些斷片裏，我們已經充分地可以發現好些重要的暗示，便是在黑格爾派的哲學系統中唯心論的與唯物論的觀點間之對立是怎樣被形成着被發展着的。就在那兒我們可以尋出我們所熟悉的唯物史觀之最初的定式化。

可惜的是韋士達夫•邁弈爾好像不曾把「德意志觀念體系」所保存着的部分完全入手。在他編纂昂格斯傳記時他還不曾看出那全部原稿間之聯絡。他在當時好像連「萊普啓邪宗教會議」——這書不知道是以怎樣的一種奇妙的情形，這情形連想像都不能想像，從貝倫斯坦處所保存着的原稿中在一九〇一年已經分離了出來移到了德意志社會民主黨之文庫——都不曾知道是構成着「德意志觀念體系」之一部分。(四) 在他後來把「萊普啓邪宗教會議」全部印行時，在那「導言」中，邁弈爾才說到這部原稿是「德意志觀念體系」之一「章」。(五) 然而在這個機會上，他依然把那整個著作之再造放棄了。

就這樣我在這兒費了沒大的努力，才得手把這部爲我們所關心的原稿之全部

(四) 前書第二四三—二四四，四〇三—四〇四頁。

(五) 社會科學及社會政策之文獻錄，第四七卷，第三號（一九二一年 十月） 第七七三—七八二頁

散帙約略蒐集了起來　我說是「約略」，因爲我所能有的，歸結地只是貝倫斯坦所給予我的。昂格斯自己所纂集的目錄我們全然沒有，我們也不能夠担保　原稿之詳細數目是否有通盤的統計　因爲在昂格斯死後，處理遺稿者之輕率是出入思慮之外。

在把貝倫斯坦所保存的原稿判讀之後　我才决定了　我的手中得到了下列各部分：

1.用羅馬字Ⅰ所標記着的原稿是論的「眞正的社會主義之哲學」。

2.原稿中有很大一部分，用羅馬字Ⅲ標記着號數，是「聖・默若司」。貝倫斯坦從此中取了幾章出來，印在了他的「社會主義文獻」裏面——是有很大的省略。半分以上是還沒有印行的。這是「德意志觀念體系」之最大的部分，事實上照分量說來　比斯迭納之著作本身本不見落後。

3.用羅馬字Ⅳ所標記着的關於眞正的社會主義之歷史叙述　這一部分是一八四七年在「韋斯特法爾的汽艇」中已經印行過，後來由貝倫斯坦在「新時代」中（XVIII）又發表過一次。那對於社會主義之歷史叙述家卡爾　格林加下了毫沒容情的批評。

4.羅馬字V所標着的手稿上題名是「和爾斯坦出身之佐治·辜爾曼博士別名眞正的社會主義之預言。」

除這些原稿而外我還從貝倫斯坦手中收到了一大部原稿　標題爲「弈爾·費爾巴哈」。注意的通讀使我發覺了貝倫斯坦所通編的頁數——由一至一一六——是錯誤了的，是把兩部的原稿混同了　有一部分的確是論的費爾巴哈、但是標着「福音書批判之硏究」的另一部分　完全不是創作，却是包含着昂格斯——由一切的情形看來大約是在一八四一年——由三部福音批判書，其第一部是布魯諾·鮑弈爾之「三福音書綜覽派之福音史批判」　所鈔錄的拔粹。

就這樣在第一羣中缺少了一部分用羅馬字II所標記着的原稿。貝倫斯坦向我明言，說是有這樣的一部分原稿是論布魯諾·鮑弈爾的，但交給梅林格去了，他沒有退還。繼後待我確定了梅林格之遺件中沒有這樣的原稿存在——這個確定我是從愛德華·傅克斯得來的——我細心地把「萊普啓邪宗教會議」之原稿硏究了一番。我才發現那原稿在最後的一頁上由格昂斯手筆標記着羅馬字的II字　並且還有一項特記的標題，是「布魯諾·鮑弈爾」光景好像是，梅林格由貝倫斯坦接到手後　和着馬克思之哲學上的學位論文原稿一同交還文庫（德意志社會民主黨之文庫）去了

依這樣的情形　假如我們把「德意志觀念體系」分成兩部分　一部分論費爾巴哈，布魯諾·鮑弈爾　斯迭訥，另一部分論眞正的社會主義之諸預言者，（六）可以分配如下：「德意志觀念體系」之第一卷是集成於費爾巴哈論，布魯諾·鮑弈爾論（原稿第II號），與原稿第III號，第二卷是原稿第I號（眞正的社會主義之哲學），原稿第IV號（眞正的社會主義之歷史敍述），原稿第V號（享爾曼或眞正的社會主義之預言）。反對克里烏的宣言（眞正的社會主義之戰略與經濟學）以及反對格林與貝克的議論（眞正的社會主義之詩歌）也應該歸屬在這第二卷。這後舉的兩種著作一八四六年與一八四七年在「韋斯特法爾的汽艇」與「德比時

（六）這樣的一種區分法，梅林格　貝倫斯坦，邁弈爾，通常都是採用着的。馬克思與昂格斯在一八四六年，由韋德邁爾之介紹，企圖着把他們的批判送去付印時，十中八九，他們大約是由第一卷中只把批評布魯諾·鮑弈爾與斯迭訥的部分送去了的。

報」中印行過。此外我們還有一項昂格斯之原稿，也是議論着眞正社會主義的。

本文獻集之本卷中，我們公開出「德意志觀念體系」之第一部 論費爾巴哈的部分。

2

目前所付印的這部原稿之重要，我們不打算詳細地敘述 昂格斯已經是很正確地明示過的，其中成就了的部分雖是敘述着唯物史觀之最初的論說，然而是沒有完成的。但是在他說，這由他重覽過一遍的原稿中沒有關於費爾巴哈理論之批評，昂格斯却是錯了。讀者會看這項批評是具在的 不過可惜的不是沒有空白，而且也沒有完成，沒有完全做到底。還有可惜的是原稿中有幾頁是紛失。讀者到後段更可以看見 昂格斯是怎樣的謙遜，他在四十五年後的一八八八年說，那原稿表示着「我們當時對於經濟史的智識是怎樣的不充分。」

關聯着昂格斯的這項說明——我們覺得有低徊着討論一個問題的必要，這個問題在馬克斯主義之歷史上是有重要的意義：便是到怎樣的程度這唯物史觀是馬克思與同（在某種範圍內）是恩格斯之獨創的創造之所產？

這由我們所印行的原稿對於這樣的一種研究才第一次給與我們以一個極堅實的出發點。我們現在知道，在「哲學之貧乏」與同在「共產黨宣言」中所論述着的唯物史觀，至遲不得在一八四五年秋季之後，已由馬克思與恩格斯所定式化了。馬克思與恩格斯在我們所印行的這部原稿中所引用的費爾巴哈之論文（七）被揭載在葉甘德季刊之一卷 是在一八四五年之春季或初夏所出版的。

從這兒看來已經是明白的，凡為那種研究，目的在追求諸先進的思想家對於唯物史觀之創建者馬克思與昂格斯上所播及的影響者，無論是哲學，史學，文化史與經濟史等領域之一切的著作，凡是在前揭的日期之後所出世的 都該得排除在研究之範圍以外。

佐治・封・貝維（G org v Below）曾經幹過一項極有趣味的嘗試，想確定馬克思主義在其生成上與德意志的關於經濟史領域內的文獻，究竟有怎樣的關聯

（七 論基督教之本質關聯着唯一者與其所有」 這篇費爾巴哈對於斯選訥的答辯電收在他的著作集第七卷中

。（八）他努力去，——在方法上是完全正確的辦法——想決定怎樣的書籍可以達到馬克思與昂格斯之「讀書圈城」內。他達到的結論是，所謂「唯物史觀」，他把這和歷史中經濟的因子之優越論混同了，在當時的空氣中是已經成在的，馬克思與昂格斯之獨創性是在把別的探求者已經達到了的諸成果，特別明瞭而顯豁地定式化了。

貝羅另外又還投出了一個問題——這在方法上也是正確的——對於經濟史的關心在馬克思與昂格斯所不能說是不知道的德意志的文獻中，事實上要算是已經存在的，還有更緊要的一件事情，是決定馬克思與昂格斯在造成他們的「有產者的社會」之經濟的發展方式時，是從那些文獻中學習了甚麼？

不管怎樣，貝羅總還知道他所不表同情的馬克思主義是和某個一定的歷史時期結合着的，這馬克思主義上本質的史觀並不能出現於任意的一個歷史的瞬間。

（八）G. von Below，「由自由戰爭至今日之德意志的史記」。Leipzig 一九一六年，第一二四葉。第二版收在「中世紀與近代史綱」，Miinch n. Be lin Oldenbourg 書店，一九二四年，第一六一——一九四頁

儘管他是強調着羅曼諦克之重要性，但他就那樣已經承認着 沒有法蘭西的大革命 沒有這個世界情狀之革命的改革之企圖，這個世界之新的理論是不能思慮到的。就由這個基點來他已經比那位歷史家兼「社會學者」宋巴特（Som bart），高超到無限的境地，那位宋巴特一直到現在都還代表着「剽竊說」之舊的立場他不把問題放在馬克思主義之生存上，却只問馬克思與昂格斯把他們的觀點究竟是從何處偸來。

貝羅把他的研究只是局限在德意志的文獻去了，但是連他所熟悉的這個領域內，可惜的他也把一長串很重要的著作都看掉了。還有同樣重要的是應該研究法蘭西的與英吉利的相應的文獻。馬克思在他的「神聖的家族」中已經嘲笑過那些「批評家」，他們連沒有想到英吉利的系統（這兒所說的是社會主義的），只是因爲他們的唯一的智識源泉——徐太因（Stei）著「現代法蘭西之共產主義與社會主義」——是沒有提到英國的諸系統的。

馬克思在巴黎研究着法蘭西史的時候，已經同時在研究英吉利的歷史與經濟學 德法年報與前進中的昂格斯之論文在這一方面給與了他一個新的激勵。就在同一的前進報中，馬克思反對脊局（R ge）的論文裏面 已經在用英國之政治的與社會的歷史上之事實立論了。

關於一八四一年與一八四四年間的馬克思之「讀書圈域」 除在這時期中他的諸論文之外，便是他的鈔本也處處給與我們一些暗示。

特別有趣味的是馬克思準備向巴黎旅行，在起草着黑格爾法理學批判時的那一八四三年夏季所表示着的指示。我們尋出了一些拔萃，關於法國史方面的書籍——就中有 徐米德(Schmidt) 瓦克斯牟特(Wachsm th)，夏妥布良(Chat ea bri nd) 拉克說爾(L ret ll)——，關於英國史方面——其中有林哈德(Lie h rd)，拉彭伯格(L ppe berg)，羅塞爾(Russel)——，關於德國史方面——有郎克(Ranke)— 關於政治學系史方面 有默塞爾(Moser)著之愛國的幻想 麥克夏韋里(Macchi velli) 盧梭(Rousseau)，孟德斯鳩(Monteszuieu)。在巴黎時馬克思繼續着研究法國史，甚至有很長一個時期打算起草國民會議之史記，但同時也在讀合衆國與英國之歷史 在研究社會主義者諸家與同經濟學家呂嘉圖(Ri ard)與麥克羅枯(Mac Cull h)。

我們由魯易方面知道馬克思在巴黎是怎樣勤勉地用功。一八四四年九月昂格斯和他共草反駁布魯諾•鮑亦爾的辯論之序文時，他沒有想到，馬克思把那辯論轉化成了一部大作，他們兩人在序文中所強調着的「現實的人性主義」（reale Hu ma i mus）在本文中竟有被擠化爲烏有的形式。而且馬克思在執筆當時是怎樣遠遠地超脫在費爾巴哈之上，「神聖的家族」中有下列的一段可以證明「或者是這批評的批評，一方面把人們對於自然界之理論的與實踐的行爲，即是把自然科學與產業由歷史的運行除外，而以爲在歷史的現實之認識上還僅僅達到開端••嗎？或者是以爲無須知道某一個時代之產業，即人生之直接的生產方法，事實上便可以認識該個時代嗎？」（神聖的家族，第二三八頁。）

一八四五年四月，昂格斯走到比京比利時時，由巴黎被追放了的馬克思正在那兒滯在着，昂格斯立地便認定了他的朋友已經和「現實的人性主義」絕緣。後來在一八八八年在一册舊鈔本（九）中由昂格斯再發見了的那費爾巴哈論綱(Di F hes über Fe erbach）便是在這時候做的。

七 昂格斯發表說是"Heft"(按此乃隨意訂綴之備忘錄

這鈔本我是在落在拉法爾格(L fargue)手中的馬克思之稿件中找尋出來的，在這鈔本中還有好幾種書籍目錄 是馬克思想讀或想蒐求的。關於經濟學，社會主義與歷史的書籍要佔最大多數。自然也是意料中事，馬克思用了一番苦工，在比利時圖書館中凡是於他所關心的問題有關係的書籍 他所能找出的，都是知道，都讀過了一遍。在他注意之中心點上所佔據着的依然是經濟學，經濟史與政治理論。我們知道，馬克思在那時候已經有一種計劃，想著一部經濟理論與政治理論之歷史，——恰好和昂格斯一樣 他剛好把他的「英國勞動階級之現狀」付印 又在計劃着英國社會運動史。在一八四五年夏，他們兩人同到英國，在那兒——主於曼恰斯特——他們滯留了六個禮拜。由所保存着的這個時期中的幾篇散帙看來，馬克思在曼恰斯特讀了唐松(Thompson)，柯伯提(Cobbett)，西略爾(Senior)，辜培亞 (Cooper) 愛德孟池 (Edmonds)，都克(Tooke) 呂嘉圖(Ricardo)，麥克羅枯 (Mac Culloch)，威德 (W de)，伊登 (Ede)。

我們所能引出的結論如下 馬克思，與同昂格斯，在一八四四年末既達到這樣的結論 知道沒有產業上之認識，要了解歷史的實際是完全不可能 他們把那全般的，在當時爲他們所知悉的文獻是完全涉獵了的。所以只有是對於歷史的意義完全缺乏的人，才會相信馬克思和昂格斯把他們的唯物史觀是從某一位 只有他們兩人才知道的無名的歷史家或經濟學家偸來的。

最近還鬧着這種嘗試的是宋巴特，這位先生著了好幾卷的經濟史與社會主義史，然而一直到今日依然毫不知道觀念之歷史的被限約性。所以他有本事毫不思索地把當前的一種觀念系統從它歷史的根蒂抽了出來，任意地移到另一個時代。而且事實上假如馬克思與昂格斯之學說是表象一種觀念系統，這在一個人之頭腦中是十分輕便地可以生出的，他無須乎知道有法蘭西大革命，有英國與歐洲大陸之產業革命，有無產階級對布爾佐亞汜之鬥爭，也無須乎知道有黑格爾，有費爾巴哈。呂嘉圖，有渦文有傅利弈（Fourier），那嗎要得到這樣的結論自然是毫不困難，說是有那樣一位無名的作家 馬克思與昂格斯十分巧妙地把他剽竊了的終竟是可以發見。

佳運到頭來了，宋巴特費了很久的搜尋，終竟發現了這位作家 在一七七一年已經表示着「要發現唯物史 完全沒有在十九世紀之必要」（一？）。唉 還不僅此！宋巴特到頭所發現的，那部著作之內容，據他看來是表述着「唯物史觀對於各種文化領域之最完全的應用，這是我們所僅有的一例。」這個發見開陳在他的著書「社會學之濫觴」(十)裏面。那部書籍，看來好像馬克思與昂格斯要永遠把它沉沒在忘却之黑暗裏的　由宋巴特把它發現了出來，是名叫　「關於社會中等級差別之諸多考察」("Obse vations Concer ing the distinctio f ranks in S ciet y)，約翰·彌勒（Joh Milla）著，格拉斯高大學法律教授　一七七一年倫敦出版。

僅僅是宋巴特所引用的幾項文句已經表示着彌勒只是把孟德斯鳩學派畢業了的　十八世紀後半期許多「文化史家」中之一人。枯諾(Cunow)對於這項問題總不能不說是明悉的人，他把這位彌勒遠遠位置在林謁（Linguet）之下。他說。「彌勒完全還不知道社會階級之意義。他只知道等級和身分之差，在他的書中有幾處雖然也談到財富對於等級地位之影響，他把這種差異依着陳古的方式是歸結在較強的社會成員對於較弱者之物理的優越。他沒有見到階級形成之經濟的基礎。(11)」

(十)本文發表在麥苦司．威伯爾（Max Weber）紀念出版的兩卷論文集「社會學之主要問題」裏面

(十一)Cunow，「馬克思的歷史 社會 國家 之諸學說」第一卷 第一一九頁

馬克思眞是不注意 他竟忘了把他鈔錄過幾項彌勒文句的一綴備忘錄消滅•他無疑地是讀過這部書，但是完全在別的一種關聯上 而且是在他草創「德意志觀念體系」之批判以後隔了好幾個年頭。在另外一種備忘錄中，題着一八五二年十月於倫敦的 我們在一打的書籍，大抵是關於婦女之歷史——雍古(Jung)，射宰爾(Segur) 邁訥司(Meiners) 突默斯(Thomas)，亞力山得(Al xnder)——與同文化史——哀夷洪(Ei hhorn)，瓦克斯牟特(Wa hsmuth)，杜魯曼(Druma n)——的一打書籍中，發現了彌勒。事實上彌勒之著書有一分之一是論述着各種時期中婦女之地位的（第一章）。更進則論述着族長之裁判與權勢，酋長或長老對於同族人之權勢，主權者之權勢與奴隸及屬民之地位。大體上他並沒說明甲種或乙種的制度，只是敘述出來而滲以斷論曰「天賦人權與自由之侵害」(a violation of the nat re rights a d liberties f mankind)。濫觴於十八世紀中的「文化史」蒐集了無數的事實，證明人的歷史不僅是構成於帝王之征戰與雄圖。一般的「文化史」在僅僅提供出無數的資料，在這數目中作爲文化要素

之一上也有經濟的諸關係，生產史與貿易史之諸事實，所以除這種通史之外又有產業與貿易之專史出現。然而經濟史則僅限於經濟，其它「文化」之諸多現象亦各安於一偏。不過儘管就是那樣，這些初期的經濟史家總算蒐集了一項龐大的資料，供了馬克斯與昂格斯之應用。待昂格斯在一八八八年時斷言，說他和馬克思之著作，屬於一八四五年至四六年的，表示他們當時關於歷史經濟的智識是怎樣的不充分，這個缺陷要算是時代之缺陷。所以貝羅是說得很正確的，他說要緊的是要決定當時的歷史經濟的智識之發展水準。

所以在馬克思研究上，其任務之一是要研究一八四五年代英德法意諸國之「文化史」與經濟史之文獻。貝羅之探討　想於德意志歷史經濟的文獻中追求馬克思主義之根蒂　那是有本質上的缺陷。所以他把馬克思所常常引用的霍綸（Heer n）與居理夷（Gulich）遺忘了。偶然被保存着的一帙備忘錄中有居理夷之摘錄　那表示着馬克思是怎樣細心地研究過他。貝羅只記得許爾曼(Hullmann)他的關於德意志城市史與貿易史的主著馬克思誠然是所熟悉的；但德意志著名的技藝學史家與機械建築史家坡珀（Poppe）之諸著　馬克思之鈔引它，其熱心亦像不亞於。直到一八四五年秋季，馬克思更已經熟悉了法蘭西產業史之諸主著，王政復古時代之諸史家如鐵里（Thierry），巨差(Guizot)，米湼（Mignet）那是更不用說了。在馬克思之鈔本中與同昂格斯之書籍中　我們看到有關於英吉利的歷史經濟的文獻之一切著名的著書之徵引：有麥克匪松(Macpherson)　安得生（And rso），伊登（Eden）威德(Wade)。可注意的是，我們在這帙手稿中已經找尋着後來在『資本論』第一卷中所返覆着的各項標示與徵引。我們就單就「德意志觀念體系」出發．我們會以最大可能的精確來決定，馬克思與昂格斯所負荷於其先進者爲何　何人對於他們在其歷史經濟的方案之建設上會提供了沒大的資料。

在一切科學地研究馬克思主義之哲學的發展上另外還有一個重要的因數　我們目前所印行的這部手稿賦與以決定之可能。我們由反對杜鱷(Anti-Duh ing)中所知道的結論，在這費爾巴哈論原稿中已經是定式化了。超在於事物與智識之一般的聯結上作爲特殊的科學而存在着的哲學，即是一切人類智識之總和之總和(Summa Summarum)，成爲了贅瘤。從整個舊日的哲學之中只存留着思維法則

之科學：形式論理學與辯證法

馬克思與昂格斯由批判費爾巴哈而達到這個結論 那是無疑的 而這個批判主要地是由馬克思所作成，也是同樣的無疑。

在「神聖家族」中，馬克思已顯示得是費爾巴哈之繼承者，與其說是他的門徒 最好是把馬克思與昂格斯關於費爾巴哈之言論綜合起來作比較研究便可以證明

我們可以說，當馬克思把「神聖家族」完結後，他已經不再是費爾巴哈派——在哲學方面也是一樣 所以和費爾巴哈完全地分離，在他實在是容易事，昂格斯在一八四五年初間已經把這事情是看爲旣成的事實了。所以後於「神聖的家族」而出現的「英國勞動階級之現狀」是較多地立足在「現實的人性主義」之立場上的。昂格斯還想和費爾巴哈結成盟友，馬克思却把他拉開了。

有名的馬克思論費爾巴哈的論綱，形成爲這「德意志觀念體系」之開端處批判費爾巴哈的一部分之最適當的導言。因爲昂格斯把這論綱沒有完全正確地再現出 而且還有幾處加了改變 所以我在冒頭上把這論綱之藍本 直接由原文 由

馬克思之一部鈔本中揭載出來　在那兒由昂格斯所刊佈的版本中一切的差異也將逐一地揭示出來。

「德意志觀念體系」原稿既得知其詳盡　我由勞羅・拉法爾格(La ra Lafa rgue)得來的一件馬克思手稿之祕密便得以解釋。那是當時我所未知悉的一部馬克思著作之第一卷序文之草案。到現在我才明白了，那文中所說的「刊物」所指的便是這部未出版的「德意志觀念體系」。在費爾巴哈論綱之後我也把這篇殘稿連同一切的塗改都揭載出來　（十二）

李亞山諾夫（D.Rj za ov）

（十二）原稿整理是在愛倫斯特・克崔貝爾(E t Czo bel)指導之下所作成的。

費爾巴哈論綱

（依據原有手稿）

論費爾巴哈

一

一切從來的唯物論（費爾巴哈的也包含在這裏面）其主要缺陷是 對象、現實、感官界只在客觀或直觀之形態下被把握着 而不是作爲可感性的人的（一）營爲、實踐，不是主觀地。所以營爲的方面抽象地與唯物論成爲對立反由唯心論——這自然是不把現實的可感性的營爲作如是觀的——展開了出來。（二）費爾巴哈要求着可感性的——與思想物判然有別的客觀物：但他把人的營爲本身却不認爲有對象性的營爲。因而他在基督教之本質（三）中只把理論的行爲視爲是眞正人性的行爲，而實踐則只在齷齪的猶太人的現象形態中被拘泥着固定着。所以他不了解「革命的」即實踐批判的營爲之意義。

（一）原稿 Sinnlich-menschliche，昂改作 Menschlich Sinnlich （人的可感性的）

（二）此全句在昂版爲「所以情形是這樣，行動的一面，與唯物論成對立地由唯心論展開了出來——但只是抽象地，因爲唯心論自然不把現實的，可感的營作如是觀的」。

（三）昂版作「Wes n des christums」「基督教之本質」（按乃以爲書名，費爾巴哈所著）

二

對象的眞理是否能達到人的思惟　這個問題並不是理論之問題　而是一個實踐的問題。人當於實踐中證明眞理，即是他的思想之現實性與權威　思想之此岸性。思想——已與實踐遊離者——而爭論其現實性或非現實性　那是一個純煩瑣學派的問題

三

改變環境與教育之唯物派的學說，忘却了環境是由人所改變，而教育者自身須受教育　所以那種學說必把社會分成兩部——二者之中一部分超過於其它。

（一）

環境變化與人的行動變化之一致　即是自我變化　只有作爲革命的實踐才能把握　才能合理地理解。

（一）此整句昂格斯改爲「唯物派的學說　謂人乃環境與教育之產物　改變了的人也就是別的一種環境與改變了的教育之產物，忘却了環境正由人所改變，而教育者自身須受教育　那種學說所以必然地要弄到把社會分成兩部，在此中有一部分是超越在社會之上（例如羅伯。渦文是）」

（譯者案：「其它」一語在原稿中本作 ih ，昂格斯似看成 ihr，故改訂爲「社會」）

[四]

費爾巴哈是由宗教的自我乖離（Selbst ntfremd ng）即是世界分爲一個宗教的與一個現世的之雙重化，這個事實出發的。（一）他的工作是在把宗教的世界向其現世的基礎中解消。（二）但是現世的基礎之所以自行上浮，固定在雲端裏成爲一個獨立的王國　是只有由這現世的基礎之自我分裂與自我矛盾方能說明。所以這現世的基礎本身是不能不在其本身中於其矛盾以被理解，且於實踐上以被改革。（三）所以例如地上的家族已被發現爲神聖的家族之祕密時　則地上的家族本

身便當於理論上與實踐上以被消滅（四）

（一）此全句在昂版爲：「費爾巴哈是由宗教的自我乖離 即世界分爲一個宗教的 觀念的，和一個現實的世界之雙重化 這個事實出發的」

（二）昂版在此插入一句「他看脫了在這項工作完成之後還有重要事項留存着 那事項卽是現世的……。」

（三）此全句在昂版爲「所以這現世的基礎第一步須得在其矛盾中被理解 其次是由於矛盾之解消實踐地被革命」。

（四）昂版爲「理論地被批判而實踐地被推翻」

五

費爾巴哈 不滿足於抽象的思維 在要求着直觀（一） 但是他把感官界不作爲實踐的人的可感性的營爲去把握。

（一）昂版「在訴諸可感性的直觀。」

六

費爾巴哈把宗教的本質解消於人的本質　但是人的本質決不是內在於各個個人中的抽象物　在其現實性中，人的本質是社會的諸關係之總匯

費爾巴哈　他沒走到這現實的本質之批判上，所以他不得不

1.從歷史的進行抽離　把宗教的情操單獨地固定　而前提着一種抽象——孤獨—人的個人。

2.因而那本質便只能認爲「門類」　認爲內在的　暗默的　把多數的個人自然地聯結着的一般性　(一)

(一)此全句在昂版爲　2　因而在他看來人的本質只能認爲「門類」　認爲內在的　暗默的　把多數的個人單只聯結着的一般性。」

七

費爾巴哈所以不知道　「宗教的情操」本身是一個社會性的產物　他所分解

出的抽象的個人　是屬於一個既定的社會形態

八

一切社會的生活本質地是**實踐**的。凡把學理導誘到神祕主義的一切的神祕其合理的解消是在人的實踐之中，在此實踐之了解中。

九

觀照的唯物論　即是把感官界不作爲實踐的營爲去把握的唯物論　其所達到的最高點　是各個的個人與有產者的社會之直觀。

十

舊式的唯物論之立脚點是有產者的社會　新式的之立脚點是人的社會或社會性的人類。

十一

哲學者們只會把世界作種種**解釋**　目前是歸結到　要**改革**世界

馬克思所著『德意志觀念體系』

序文之初稿

序 文

人們論到自己本身 卽是論到人是甚麼或當是甚麼 從來總是造成着種種錯誤的觀念。依據他們的觀念 如神 如正人等等 他們規畫着他們的諸多關係。他們的頭腦之產物成長來超過了他們的頭腦之上。他們 創造者 在自己的創造物之前低頭。讓我們把他們從那些迷魂陣，那些觀念，那些獨斷 那些胡思亂想的狂妄解放罷 他們在那枷擔下面已經凋弊得不堪。讓我們對於這些思想之支配舉起叛旗罷。讓我們教導他們 把適於人之本質的思想來代替這些想像能 讓我們第一個人說 對於那些想像取批判的態度 第二個人說 把它們從腦中逐出 第三個人說 並且——這「現實的世界」已成的實際行將崩潰

這些無間猜的幼稚的空想構成着新近青年黑格爾派哲學之核心 這在德意志不僅由一般公衆懷着驚惶與畏敬而迎受，且由哲學的諸豪傑們也懷着顚覆世界的危險性之嚴肅的意識與干犯刑憲的肆無忌憚而發表出來。這部刊物之第一編，目的在剝去自以爲狠子且被他人視爲狠子的這些羊子之皮毛 要表示它們僅是哲學

地把德意志有產階級之諸觀念依樣咆哮出來，這些哲學的解說家們之大言壯語僅是反映着實際的德意志諸現狀之可憐。目的在曝露那以實際之虛影爲敵的哲學的鬥爭，那眞適合的夢昧的愚蠢的德意志民衆，而剝奪其信用。

有一位勇敢的人有一次曾經思索過，以爲人之所以溺死於水，只是因爲被束縛於重力之思想。假如他們把這種觀念由腦中逐出，譬如把這種觀念宣示爲一種迷信的，爲一種宗教的觀念時，那他們便會超脫於一切的水難。那人一生之中都在和重力這個幻想爭鬥，關於重力所生出的傷害的結果，每一種統計都向他提供新的無數的證明。這位勇敢的人便是新近德意志革命的哲學家之典型。

德意志的「哲學」唯心論與其它別種國民之觀念體系由一種特殊差異而自別。這個唯心論也是把世界看作由觀念所支配，觀念與概念是看作決定的原理「看作最後的與最眞的形態」，既定的思想是看作爲哲學家所可接近的物質的世界之祕密

黑格爾曾經把積極的唯心論完成了。不僅整個物質的世界在他已轉化爲思惟之世界，整個的歷史已轉化爲一部之歷史。他不以紀錄道理而滿足　他更還要表

述生產活動。

德意志的哲學的批評家「有一個共通的敵人，便是黑格爾體系。這個體系是他們所爭鬥的世界　他們的「？」理論的前提，同時也是他們所想撲滅的——這黑格爾體系」一般地主張着，說觀念，表象，概念，從來是把現實的人，把世界，支配着决定着了，說現實的世界是觀念的世界之一產物。一直到目前都是這樣主張，但在目前却當得改變了」。他們依據他們的見解在他們自己的自由思想之權威下想解救呻吟着的人類世界　如何去解救，他們是各不相同；他們對於自由思想的解釋也各自不同；他們在這思想統制之信仰上是一致的，在信仰「他們的方法戰取（一個）」他們批判的思惟活動必定要誘導出旣成者之崩潰上是一致的　不管他們是以自己孤獨的思想活動爲已具足，還是要想獲得一般的意識。

「自從德意志的哲學家們」迷失於他們的黑格爾思惟世界以後　德意志的哲學家們對於思想之統制　「或者是那甚麼」依據他們的見解　卽是依據黑格爾之幻想　從

來是把現實世界產生着，規定着　支配着的觀念　表象等之統制　抗議了起來他們提出抗議而告終【·····】

依據黑格爾體系，觀念　思惟　概念是把人間之實際生活　其物質的世界其現實的諸關係　產生着　規定着　支配着的　他的叛逆的門徒輩「對此全無絲毫疑慮」「沒有絲毫對於他這」從他領受了來。【　】

（原稿中輟）

費爾巴哈

唯物論的與唯心論的見解之對立

一　費爾巴哈　唯物論的與唯心論的見解之對立

像「我們」德意志的觀念論者們所「斷言」報道　德意志在最近幾年經過了一次無比的變革「爲歷史上所未前聞」。黑格爾「學派」系統之解體過程　以徐屈勞斯(Straus)發軔的　發展成爲一個世界的發酵　一切『過往之權威』都被捲到那漩渦中去了。在這普遍的混沌中強有力的諸多王國形成了出來　而俄傾之間又歸於消滅　諸多豪傑乘機出現　而又爲更勇敢的更強有力的競爭者被投回到無形無影之中。那是一種革命　法蘭西大革命對此實同兒戲，是一次世界戰爭　在其前「所有亞歷山得後繼者」爹亞多克（Diadohe）輩之戰爭顯示得藐乎其小。原理與原理相角逐　思想上之勇士們以未前聞的急性互相排斥　在一八四二年至一八四五年的數年間比「最近的」其它三百年間在德意志國內還要掃蕩得乾淨

凡此都是在純粹的思惟中所應有的事。

然而是關係着一件有趣的事件　關係着絕對的精神之腐化過程　在作爲這種

偉大的解放戰爭之渣滓上，紅白喜事之招待員們是不可缺少的。這種殘滓之種種相異的成分在最後的生命之火花熄滅後便蹤入分解作用，開始種種新的結合，形成種種新的物質。種種不同的哲學的製造家們，向來是靠着向絕對精神之揩油而存命着的，現在是投身在新的諸結合裏了。每個人都以最大可能的內行家身分經營着配到自己名下的買賣。那是不能沒有競爭出現的。"競爭在初頗是有產者地堅實地操持着，繼卽待德國的市場充紉了，儘管費盡力氣而在世界市場却尋不出甚麼反響時「嗣後的戰鬥便成爲用假象生產之一切的武器」。照着通常的德國人的調門，生意便由多量的生產與假象生產，由於品質之惡化　原料之蒙混，買空賣空　空頭支票，以及通常的德國人的調門所慣用的毫無眞實的基礎的信用制度而成爲不堅實的經營。競爭便成一個鬥爭，這在我們現在是作爲世界史上的變動作爲最強有力的諸結果與諸成就而被敍述着構成着的。

爲要把這番哲學上的吹噓　其「喧囂的」號召就在馳名的德意志市民心中也喚起了一種好意的國民感情的，「正確地評價」爲要把這整個靑年黑格爾派運動，其瑣屑的現實性之狹小與局部的「兼國民的」褊窄「與朦朧」，直觀地認明，那有在德意

志以外的一個立脚點上來觀察一次的必要。(注)

(注)此節在清繕稿(原稿之第二種)中其文如下：「爲要把這番哲學上的實名喧傳 這就在馳名的德意志市民心中也喚起了一種好意的國民感情的，正確地評價，爲要直觀地表明這整個青年黑格爾派運動之狹小與局部的褊狹，即是在這些豪傑們之實際的工作與對於此等工作所懷抱的幻想之間的悲喜劇的對照，那是有把這全部的排場從在德意志以外的立脚點上來觀光一次之必要。」

「所以我們在對於這番運動中之各個的代表者們作個別的批判之前，先寫一篇一般的注意「論德意志的哲學與全般的觀念體系」。「這些注意是要表明我們批判之立場，在了解和奠定後文的各個批判上「是」必要的範圍之內。我們把這些注意直接針對着費爾巴哈，因爲他至少是前進了一個步，他的事情我們可以認眞地涉及的唯一的一個」那會把他們全體所共通的觀念論的諸前提愈見詳切地照明 」

A. 觀念體系一般　特別是德意志的

這「在德國幹着的」德意志的批評一直到它最近的努力上都不曾離棄過哲學之基地。其全部的問題，把一般哲學的諸前提之探討抛荒到天外 甚至竟植根在某種一定的哲學系統，即黑格爾系統，之基地。不僅在其答案中 「而且」就在其問題中已橫陳着一個神祕化　正因爲這樣對於黑格爾之服從，所以這些新的批評家們每人都在那樣的主張着，要超過黑格爾，然而要對於黑格爾系統作一綜括的批判連略略嘗試一下的人都沒有一個。他們對於黑格爾與同對於彼此的論辯是局限在這個情形上面　便是每人都各取侍黑格爾系統之一方面　而以這一方面去攻擊黑格爾系統之全部，去攻擊他人所取的另一方面。在初大家都還運用着純粹的貨眞價實的黑格爾式的範疇，如本體與自我意識之類　繼後便用一些如門類　如唯一者，如人之類的俗名來把這些範疇俗化了。

由徐屈勞斯以至徐迭訥的全部德意志的哲學的批評局限在宗教上的諸觀念之批評上，「這在初起時的號召，是認爲把全世界由一切苦難中超渡出的絕對的救世主。宗教始終是認爲反對哲學家們的一切關係之究極的原因　認爲不共載天之仇而被敵視被處理了。」大家都是由實際的宗教與本義的神學出發的。凡是宗教的意識，宗教的觀念，在嗣後的進行中便受着種種不同的規定。前進了一步是在把那表面上獨立着的形而上學的，政治的，法律的，道德的，以及其它的諸觀念也隸屬在宗教的或神學的諸觀念之領域內　那「形而上學的」政治的，法律的，道德的意識也當成宗教的或神學的意識，

而政治的　法律的　道德的人們」，一句話歸總的『人們』　都宣稱爲是宗教的宗教之統治是被前提着的。久之又久每一種統治着的關係都宣稱爲是一種宗教上之關係而轉化爲禮讚，法律之禮讚，國家之禮讚。到處都設着教條，說着教條之信仰。世界在更廣大的範圍內被超凡入聖起來，到頭到了那位超邁的聖默克司把全盤的世界都稱爲神聖，於是而永遠告了終結。

舊黑格爾派把一切都歸着到黑格爾的論理的範疇　遂把一切理解了。青年黑格爾派把一切都推送到宗教的諸觀念或宣稱爲神學的，便把一切都批評了。青年黑格爾派與舊黑格爾派之一致處是在信仰既成世界中的宗教，概念，一般者之宰治。所不同的只是乙派在視爲正統而宗仰着的這種宰治　甲派則視爲篡奪而抨擊。

因爲在青年黑格爾派看來，諸多觀念，思惟，概念，一般地由他們所獨立化了的意識之諸產物，是認爲人們之本來的桎梏，恰好像在舊黑格爾派是被宣稱爲人類社會之眞實的紐帶一樣，所以青年黑格爾派也只消對於這意識之幻想作戰，他們所努力的是以變革這種宰治的意識爲目標」，那是自明的。因是根據他們的幻想凡是

人們之諸多關係 其幾個的行動與經營 其桎梏與制限 都是人們意識之產物所以青年黑格爾派當然地要向人們提出道德的要求，要把人們現在的意識用人的批評的或個人主義的意識來替換，由之而排除他們所受的制限。這種要改變意識的要求，歸根結是要把既成者另作一番解釋之要求，即是要以另外的一種解釋去認識。青年黑格爾派的觀念論者們儘管他們弄着那皮面上『震撼世界的』言辭，他們是最大的保守派。他們中之最年青者對於他們的行績說得恰到好處，說他們只是在和『言辭』戰鬥。不過他們是忘記了，他們對於這些言辭也不外徒弄言辭，他們假如只是和這個世界之言辭鬥爭，他們從不曾鬥爭着這現實的既成的世界。這種哲學的批評所能帶到的唯一的結果 是一些而且也還是偏隘的宗教史的對於基督教的啓迪 他們其他全部的主張只是他們的要求之更進一層的粉飾 想以這種朦朧的啓迪提供出「總體的」世界史的發見。

這些哲學家們沒有一個人想到去追問德意志的哲學與德意志的實際之關聯他們的批評與他們自己的物質的環境之關聯。

（原稿至此中輟）

觀念體系一般 特別是德意志的哲學

A.

「我們只知道一種唯一的科學 便是歷史之科學。歷史可以從兩方面觀察 可以分自然史與人類史。然而兩方面並非割然分離，只要人類還存在 自然史與人類史是相爲條件的 自然史，即所謂自然科學 在此與我們無關，我們對於人類史却是要深入的，因爲差不多全般的觀念體系不是歷史之曲解 便是完全拋棄了歷史不顧。觀念體系本身只是歷史之一側面。」

我們所用以發軔的諸前提 並不是任意的 並不是獨斷，那是實際諸前提，人只能在想像中才能抽象化的。那是實際的個人 實際的個人之行動，與其物質的生活條件，這條件不管是前定的或是由他自己的行動所造成的。這些前提不消說是可以由純粹的實驗的方法來確定。

一切人類史之第一個前提自然是有生命的人的個體之存在（這些個人之第一項的歷史的行動，他們由之而以與禽獸區別的，不是他們思索，而是他們開始產生他們的生活資料。）第一項可確定的事實不消說是這些個人之肉體的組織和他們由之而被賦與的對於其它的自然之關係。我們在這兒自然談不到人體之物理的諸性質，也談不到由人所既定的自然條件，如土質的，水土的，氣候的及其它的諸關係（與同本人的解剖學上的諸性質）。（但是這些關係不僅規約着人類之本來的自然生長的組織，特別是人種差異，而且也規約着人類之一直到今日的全體的前進的發展與不發展。）一切的歷史記載必然由這「整個歷史之自然的基礎」出發」與其在歷史之進行中由人類之行動而生的變異以出發

我們可以用意識，用宗教，用其它別的甚麽　把人類來和禽獸區別。人類在他一開始生產自己的生活資料時，他已經就開始和禽獸區別這一步，「正」是由肉體的組織所規約着的。因爲人類生產他的生活資料，所以他間接地生產他物質的生活本身。

人類於以生產其生活資料的方法，第一是依靠在既成的與可以再生產的生活資料本身之性質。

這種生產方法是不當僅由其爲個人之肉體的存在之再生產這一方面來觀察它倒已經是這個人之活動之一定的方式，是要表現他的生活的一定的方式 即是這種個人之一定的生活方法。個人所表現的他的生活，便恰是他自己。所以他是甚麼，是和他的生產「方法」一致，不問他是以之而作何生產，也不問以之而如何生產。所以個人是甚麼 是依存在他的生產之物質的諸條件。

這種生產是伴着人口之增加才出現的。人口之增加却又以個人間之一種交通爲前提。這交通之形態是又由生產所規約着的。

所以事實是這樣 既定的個人「在既定的生產諸關係之下」依照着既定的方法在生產上活動着的，即是締結着這既定的社會的與政治的諸關係。實驗的觀察，「這是簡單地依據着實際的事實的，將得」必得在各個的事例中「都能夠」把社會的與政治的組織之與生產之關係，實驗地，不帶着絲毫的神祕與思辯而證明出來。「我們在這兒可以看見，怎樣地」這社會的組織與國家總時常是由個人們之生活過程而生出的 但是這個人們不是在自己或他人的觀念中所可顯現的那樣，寧是如他們實際上，是怎樣的那樣，卽是如他們在活動，在物質的地生產「與營爲」的那樣，也就是如他們在旣定的物質的與和他們的意趣不相干的諸制限　諸前提　及諸條件之下營爲着的那樣。

「個人們所自造的諸觀念　是關於他們對於自然之關係　或他們相互間之關係　或他們自己的性質的諸觀念。那可明白　在這些事例中這些觀念是他們的實際的諸關係與營爲，他們的生產，他們的交通，他們的社會的與政治的「組織」——「行動」之意識著的表現（不管是實際的或幻想的）（相反的見解只有在這樣的時候才能夠，便是人們在實際的　物質地被規約着的個人們之精神以外還要前提出一個奇特的精神。這些個人們實際的諸關係之意識着的表現假如是幻想的，他們假如在他們的諸多觀念中把他們的實際是倒立着的，那又是他們被局礙着的物質的營爲方法與由之而生出的被局礙着的他們的社會的諸關係之一結果。」

觀念　表象　意識等之生產第一是直接地交織成人類之物質上的營爲與物質上的交通　實際生活之言語。這人類之表象，思惟　精神上的交通　在這兒顯示得還是他們的物質上的行動之直接的流露。論到那精神上的生產　如在一種民族之政治，法律，道德，宗教，形而上學等之言詞中所表示着的那樣，也是同然。人類是他們的表象，觀念，等等　等等，之生產者「而且這人類，由他們的物質的生活之生產方法，由他們物質交通與交通之往前的發展，是固定在社會的與政治的組織裏面的」但是這實際的，經營着的人類，是由他們的生產力之一定的發展及與生產力相趁一直到它最高的組織形態的交通之一定發展，被制約着的。意識不外是意識着的存在，而人之存在即其實際的生活過程。假如在全部的觀念體系中人類與其諸關係就如在照相機中一樣是倒現着的　那嗎這個現象是從他們的歷史的生活過程發生出來剛好就像網膜上的物像之顛轉是由於他們的直接的物理的生活過程。「註」

德意志的哲學是從天上降到地上　在這兒正完全和它反對，是從地上昇到天上　即是所由以出發的，不是由人類所說，所想像　所觀念的甚麼　也不是由被說　被思惟　被想像　被觀念的人類，不是想由這兒出發以達到有血有肉的人，

(註)物像在眼底本是倒立的，然由人之實際的經驗在腦識中復顛轉之而成正立。此處所說之「顛轉」(Umdrehung)即是腦識中之顛轉。以喻觀念本立足於物質之上　然由歷來的習慣反看成倒立(譯者)

而是由實際地管爲着的人們出發，由他們的實際的生活過程也才有這生活過程之觀念體系上的反映與反響表述出來。人們腦中之空幻構想也是他們的物質的，實驗上可以決定的，在物質的前提上緊繫着的生活過程之必然的附錄。於是道德，宗教，形而上學 以及其它的觀念體系，與同和這些相應的意識形態，便不再保持着那獨立性之外觀。它們並沒有甚麼歷史，它們並沒有甚麼發展，只是發展着自己的物質的生產與同物質的交通之人們伴隨着他們的這種實際也變更他們的思想與他們的思想之產物。不是意識規定生活，反是生活規定意識。在前者的觀察法中是把意識作爲有生命的個人而出發，在後者適應於實際的生活之觀察法中，是由實際的有生命的個人們本身「出發」 而把意識只視爲**他們的**意識。

這項觀察法不是無前提的。它是由諸多實際的前提出發，它瞬刻都不離開它們。它的諸前提是人類不是在任何種幻想的孤索性與固定化中，倒寧是在其實際的實驗地可以觀照的，在一定的諸條件之下的發展過程中。只要這能動的生活過程一敍述了出來，歷史便不再是一些死的事件之匯集，像在那些「局[illegible]的」自己都還被抽象化了的經驗論者的那樣，也不再是一些想像出的主體們之由人所想像

的一種業績　像在那些觀念論者們的那樣。

凡是思辯停止了的地方，在實際的生活上，那實際的，積極的科學，人類之實踐上的營爲，實踐上的發展過程之敍述，便於以開始。意識論之空想熄跡，實際的智識必代替之。獨立的哲學隨着實際之敍述而喪失其存世之媒層。出而代之者不外是由人類之歷史的發展之觀察所抽象出的最普遍的諸成果之綜合。這些抽象離開了實際的歷史，那單獨地是全無何等價値的。它們只可以用來使歷史的資料之易於整理，使各個的段層之顯出層次。但它們決不如像哲學那樣會給出一種藥方或者方案，使歷史的諸時期按照着編配。困難處反是在這時候才起來，便是當着我們從事於「歷史的」資料之觀察與整理「從事於種種不同的層段之實際的事實的關聯之探討」，不問那是屬於過去的時期還是現在　從事於實際的表述的時候　這些困難之「解決」排除是由種種前提制約着的　這些前提在這兒無法揭示出來，反是由各個時代之個人們之實際的生活過程與「實（踐的）」行動之研究才能生出。我們在這兒從我們在反對觀念體系上所慣用的一些抽象中舉出二三例來　就歷史的事例來加以說明。

「……」在實際上面以及在實踐的唯物論者們，即共產主義者們，所過問的是，要革這現存世界的命，要實踐地來理解既成的事物而變革它們。這樣的一些觀照在費爾巴哈雖然有時也有，但那不外是零碎的一些預感，而且在他一般的觀照方法上所波及的影響太少，少到在這兒僅僅可以視為有發展的可能的一些胎芽。費爾巴哈對於感官界之「理論上的」把握，一方面是局限在感官界之單純的觀照，另一方面是局限在單純的感受，以『人類』來代替『實際的歷史的人』。所謂『人類』實際上不外是『德國人』。在前一項上，即是在「自然」感官界之觀照上，他必然要碰頭着和他的意識與他的感情相矛盾的事物，即是要擾亂他所前提着的感官世界之一切的「成分」部分之調和，特別是人之與自然之調和。

（注意：費爾巴哈把現在眼前的事物，即是可感觸的現象，隸屬於由可感觸的事實之更精密的研究所確定的可感觸的現實，並不是錯誤　　錯誤處是他不用『一雙眼睛』，即是哲學家之『眼鏡』來觀察，便到頭終不能夠把感官界奈何。）

為要除去這層，所以他必然在一種二重的觀照中求出自己的遁逃藪，便是一只是『顯在眼前的』，另一種是更高一層的哲學的，那看來是萬事萬物之『眞髓』。他沒看到，這環繞着他的可感覺的世界不是直接由悠久所生出的，始終不變的「產物」物什，却是產業與社會狀況之產物，而且在這種意義內，它在歷史上是有史以來的世世代代之營爲之成果，之產物，這些世代先後繼承着，發展着它們的產業與它們的交通，依據着改變了的要求修正它們的社會的秩序 就是極簡單的『感官上的確定』之對象物「例如一株櫻桃樹」都只是由社會的進展 由產業與商業上的交通才爲他產出的 這櫻桃樹 和差不多全盤的果木樹一樣，大家都知道是在幾世紀前由貿易上才移植到我們的地域裏來，所以是由某一個既定的社會之行動在某一個既定的時期內才出現於費爾巴哈之『感官上的確定』。再者就在這樣把萬事萬物作如實地解釋的一種見解裏面 隨後當要更明瞭地指示出的 是那一切深遂的哲學上的問題都極簡單地在 項經驗的事實中解消了。例如關於人於自然之關係的那種重要問題，乃至如布咨諾所說（第一一○頁）（『自然與歷史中之諸對立』，這好像是兩種全相離異的事物，「好像」人們總不能想到一個歷史的自然與一個自然的歷史） 那些論到『本體』與『宇宙意識』的一切高不可測的著作中所發生出的重要的問題，都自行消滅在這個見解裏的，便是那十分著名的『人與自然之一致』在自來的產業上是存在着的，而在每一個時代準據其產業發達之大小其存在各自不同，再如人與自然之『鬥爭』，一直達到在一種相應的基礎上的人類生產諸力之發展　也是同樣。產業與貿易，生活必需品之生產與交換，在這一方面是規約着分配，規約着種種不同的社會的階級之編制　而在其經營之方式中又由分配，由種種不同的社會的階級之編制所規約着——，所以我們可以這樣說，費爾巴哈例如在曼沿斯特只見工場和機器，那兒在百年以前應該是只有紡綫車和手織機的，或者是在羅馬大平原(Compagna di Roma 只發見了牧場和水淖　那兒在奧古斯特(Augustus)時代應該是一片羅馬富豪之葡萄園與別邸的。費爾巴哈專於談到自然科學之直觀，談到那只有在物理學家與化學家之眼中才能開示的一些祕密；但是如無產業與貿易則自然科學物將安在乎？就是這『純粹的』自然科學也是只有由貿易與產業，由人們之感官上的營爲，才得到它的目的與同它的資料的。

這種營爲，這種不斷的感官上的工作與建設　這種生產　正是在眼前具存着的這實感的整個世界之基礎 假如那可中斷得一年，那費爾巴哈不僅在自然界中會看出一個沒大的變化，便是整個的人類世界與同他自己的觀照能力，唉，甚至是他自己的存在都會立地消滅。就在這樣的時候外界的自然之先天性不消說是依然存在的，這一切話對於原生的無須構精而被創生的人類自然是全不適用；但是這種區別只是在這種範圍內才有意義，便是人們把人是從自然界分離着而觀察。還有是費爾巴哈所居住着的，是這先踪於人類史以前的自然，這在今日除掉新近生成的澳洲的一些珊瑚島以外是再沒有存在的，不消說對於費爾巴哈也是沒有存在。

費爾巴哈比較那些『純粹的唯物論者』不消說是遠勝一籌 因爲他「也」認定了，人也是『感官上的對象物』；不過要放在眼外的是，他只把人看成『感官上的對象物』，而不看成『感官上的營爲』，他在這兒依然在理論上拘執着，所以他不把人在其所與的社會的諸關係之中，在其鑄成他們的現存的生活諸條件之下去把握，他從沒看到實際存在着的，營爲着的人，只停頓在『人類』這個抽象上面，把『實際的，個性的，有生命的人』只在感情上去認識，便是他除掉愛與友情之外毫沒看出『人類對於人類之』別種的『人的諸關係』，而且所謂愛與友情都還是理想化了的。對於目前的生活諸關係他全沒有批判。所以他總辨不到把感官的世界看成是造出這個世界的個人們之綜和了的，有生機的，感官上的營爲，因而在他於健康的人類之外一看到一大堆身體虛弱的，勞動過度的，肺癆成瘵的飢寒交迫的人羣時，他便不得不逃到甚麼『高尚的觀照』和甚麼『門類中之觀念的平等化』上去，在共產主義的唯物論者看到產業與同社會制度上有一次變革之必然性且同時看到那變革上之條件時，他在這兒剛好便轉落在理想主義裏。

費爾巴哈在這主張唯物論時，歷史在他眼裏是沒存在的，在他把歷史看到眼裏時　他全然不是唯物論者。唯物論與歷史在他是全不相干的二物，這由上而所述已經可明瞭。

我們這兒也還要詳細地論到「所謂甚麼「歷史　正是因爲德國人慣愛濫用這歷史和歷史的之字樣「但」只是不把現實放在眼裏，像那位「說教式的饒舌」聖．布魯諾便是一個有光輝的例證。

我們對着這無前提的德意志人，所以不能不這樣開始　便是我們要確定着一切人的存在之第一前提　也就是一切的歷史之第一前提　這前提是　人類爲要能夠「製造歷史」 他必須先要得能夠生活 (在這兒馬克思於稿端註云 「黑格爾 —地質學的 水經學的等等 人的生活之諸關係。慾望·勞動」——李亞山譯夫注）然屬於生活之物就中當數食飲 居住 衣履 及其他一二種 第一件歷史的經營不消說是製造資料來滿足這些慾望，是物質的生活本身之生產，而且這個歷史的經營，是一切的歷史之基礎條件，無論是在今日，或是在幾千年前，人類在要維持其生活上每日每時總須得把這個條件滿足。儘管這感官界就像在聖布魯諾眼中那樣，是縮小成一根手杖，縮小到最小限度，然而也須得要有產生這根手杖的營爲。所以在一切歷史的見解上，第一件事情是我們須得把這根本事實於其整個的意義，整個的範圍內去觀察，而加以正解。這件事情大家都知道德意志人是從沒會辦到，所以對於歷史從沒有一個地上的基礎，因而也就從來沒有過一位歷史家。法國人與英國人，雖然把這個事實和所謂歷史之關聯至多僅僅從單方面來把握，他們在囿於政治的觀念體系時尤其是這樣，然而他們第一步總要想給歷史記錄以一個唯物的基礎，所以他們是先寫有產者的社會史， 貿易史， 產業史。第二件是「最初的慾望之滿足漸漸容易達到時，便同時產生出新的諸多慾望」那已經被滿足了的最初的慾望本身 滿足慾望之行動，以及已經獲得的滿足慾望之器具，要導引出諸多新的慾望——而這新的慾望們之製造是最初的歷史的經營。在這兒立地可看破那德意志人之偉大的史學上的智慧之本來面目，實證的資料在他們是缺乏着，神學上的，政治上的與同文字上的胡說都無所施其技巧時，完全把歷史丟開　而造出「歷史以前的時代」由這了無意義的「歷史以前」如何轉變爲眞正的歷史　却絲毫並不會對我們說明——而在另一方面他們的史學的思辨總是特殊地灌注在這「歷史以前」上面，因爲他們在那兒覺得安全，不會被一些「粗淺的事實」犯難，而同時可以逞他們的思辯慾，可以造出也可以推翻幾千幾萬的假說。——第三層關係，在這兒預先便是編進歷史的發展裏的，是日日新創着自己生活的人們　在開始創造他人，開始蕃殖——便是夫婦間，父母與兒女間之關係，所謂家族。這家族，在初是唯一的社會的關係，隨後在增多了的慾望造出了諸多新的社會關係而增多了的人口造出了諸多新的慾望時，便化成了一個副次的（德國情形當除外）　所以這當據現存的經驗的事項來討論，來展開，不當像德　人所慣愛幹的一樣　去根據「家族之概念」。還有這社會的營爲之三方面不是解作三種不同的階段　却只是作爲三種方面，爲要使德國人容易看懂時，也可以寫成三種「要因」，這從歷史之開端乃至自有最初的人們以還是同時存在着，就在今日也依然於歷史無悖——人生之生產，不管是在勞動中生產自己的生活，還是在生育中生產它人的生活　在現在看來已經同時是兩重的關係——一重是自然的，另一重是社會的關係——所謂社會的，在這兒是說的多數的個人們之協力，不問是在怎樣的條件之下，是依怎樣的方法，是有怎樣的目的。由此可以知道，某種一定的生產方法或產業的階段始終和協力或社會的階段之某種一定的方式是一致的，而這共同作用之方式也就是一種「生產力」又可知道人們所能驅使的諸生產力之分量是規約着社會的狀態，而「人類之歷史」始終是不得不和產業史與交通史關聯着而被研究被整理　但是這樣的歷史在德意志寫不出來，也是很明白的　因爲這在德意志人不僅是沒有理解力與資料，連「感官上的明敏」都是沒有的，並且你在萊茵河之彼岸關於這些事情也得不到甚麼經驗，因爲那兒已經不再有甚麼歷史了。所以人們相互間有一種唯物的關聯　這受着諸種慾望與生產方法之限制而與人類本身同古，這本來就是表明着的——這種關聯，它是始終呈現着新的形態　因而也就是呈現着「歷史」，並無須要一種甚麼政治上的或宗教上的胡說還要來屋上加屋把人們特別地聯關起來。——以上我們已經考察了源本的，歷史的諸關係之四種方面，卽四種要因，現在我們又才看到 人之爲物還有所謂「意識」「注一」。但是這並不是從本以來便認爲「純粹的」意識。「精神」這個東西，可憐從本以來便爲物質所「膠葛」着，這兒所說的物質是被振動着的氣層，音響，簡言之便是言語。言語與意識同古。——言語是實際的意識，對於他人是存在着，對於自己也是存在着的現實的意識，言語是生於與他人交通之必要，之慾望，就和意識是一樣。「我對於我環境的關係是我的意識。」凡有關係存在地方，那是爲我而存在，禽獸不與何物發生關係，一般地互不相關。 因爲禽獸對於其它的之關係是不作爲關係而存在的 意識因而從本以來已經是一種社會的產物 只要人類是在存在的期中 它是存在的。所以意識在初自然僅是對於身邊的感官上的環境之感官「上的」意識，是意識着的個人之本身以外與別的人與事物局限着關係之意識。那同時是「關於」自然之意識，自然之於人類起初是作爲純全在體外的， 全能的， 不可摸捉的威力而對立着，人在其前純是狉狉獉獉地 就像六畜一樣爲它所威服 因而那意識也就是一種純粹動物的自然意識（自然宗教）——正因爲自然是尙未歷史地被人參贊，而在另一方面又是不得不與周圍的個人們交接的那種必然之意識，意識之濫觴是吾人一般地要在一個社會裏面生活。這個開端和這個階段之社會的生活本身一樣是十分猿狉的，那只是羣聚意識，人在這兒所以與羊異者，只是由於人之意識代替了自己的本能，或者是人之本能是一種有意識的。我們在這兒立刻可以明白——這自然宗教或這對於自然之一定的關係是由社會形態所約訂着的，而社會形態亦由自然宗教所約訂。在這兒自然與吾人之一致更還進出這步，便是人們對於自然之局限着的關係是人們彼此間局限着的關係之條件，而人們彼此間局限着的關係是人們對於自然之局限着的關係之條件。這種羊羣意識或種族意識由於增進了的生產本領，由於慾望之增多，更由於以這兩者爲根底的人口之增殖 而得到它更進一步的發展與形成。隨之而發展的便是分工，這在初不外是生育行爲之分工，其次是由於自然的素質（例如體力），慾望，偶然，等等，等等 自然而然的，即是「自然生長」的，之分工「意識便在實際的歷史的發展之中由分工而發展 」分工是在物質的與精神的之分工出現的那一瞬間 實際上才成爲分化的 從這一瞬間起，意識在實際上才能夠形成，與現存的實際之意識稍有區別，無須乎要凝想着甚麼實際的東西實際上卽能擬想出甚麼——從這一個瞬間起，意識才能夠從世界解放而過渡到「純粹的理論」神學，哲學　道德　等等　之構成。但是這些理論，那神學，哲學，道德，等等　也會和現存的諸關係陷於矛盾；那事只能由這樣才可起來，便是現存的社會的諸關係與現存的生產力陷入了矛盾——此外在諸多關係之某一個既定的國民的圈域內由這樣也可以起來，便是那矛盾不是在這個國民的圈域之內，而是在這個國民的意識與其它諸國之實際之間，那是一種國民之國民的與一般的意識之間（如像現在的德意志一樣），——在這時，因爲矛盾在外觀上好像只是當該國民的意識內之矛盾，所以鬥爭　對於這些「國民的老廢物的，也好像是局限於這種國民。正因爲這種國民它本身本體便是廢物。」

（注一　在這兒馬克思於稿旁加了一句：「人們是有歷史的　因爲他們不得不產生他們的生活　而且是「••••」依據着既定的方法　這方法和他們的意識一樣　是由於他們的肉體的組織所賦與的

注(二)這塗消了的一句是由馬克思寫在原稿邊上的。在那下邊還有馬克思寫的一句是「理念物之最初的形態　••僧侶　於此合致。」

還有是意識要單獨幹出甚麼　那反正是一樣。我們從這全部的垃圾中只求出這樣一個結論，便是這三種要素，生產力，社會的狀態，意識，彼此之間可以而且必然要陷入矛盾，因爲精神上的與物質上的本領「營爲與思惟　即是無思惟的營爲與無營爲的思惟」，享樂與勞動，生產與消費，隨着**分工**之故有歸屬於相異的個人們之可能，而且已經有那樣的實際，假如三者要不陷入矛盾，那只有在分工再行停止的時候才可能。還有是所謂「陰魂」，「統系」，「高級的本質」，「概念」，「懷疑」，只是唯心派的（思辯上的）教門上的表現，是外觀上孤獨化了的個人們之觀念，是關於極可經驗的桎梏與限制，在其中生活之生產方法與與之關聯着的交通形態於以活動着的　之觀念。「這種現存的經濟上的限制之唯心派的表現不僅是純理論，而且在實踐的意識中也現存着　即是那自行解放着而與現存的生產法陷於矛盾的意識不僅造成種種宗教與種種哲學，而且還造成種種國家。」

隨着這種分工　舉凡上述的矛盾在其中具存着而其本身又是根據在家族中之自然生長的分工與社會之分析爲單獨的互相對立的家族的，同時又有**分配**發生而且是無論在量上與質上都是不平等的勞動與其生產物之分配　因而也就有財產之發生，這在家族中是有其細胞核與初形的，在家族中婦女與兒童是男子漢之奴隸。那在家族中所存在着的實在還十分粗製而潛伏着的奴隸制，是最初的財產，所謂財產據近世經濟學家之定義是對於他人的勞力之控制，在這兒正十分符合。還有分工與私有財產是同一的表現——財產就營爲之生產物而言者，分工則就營爲而言之。——更進，單獨的個人或單獨的一家一族之利害關係與相互交通着的一切的個人們之共通的利害關係間之矛盾，是和分工同時起來；而且這共通的利害關係並不是僅作爲「普遍物」而存在於觀念中，却本是在工作於以分配着的個人們之相互的依存中。

就由於這特殊的與共通的利害關係之矛盾　那共通的利害關係便形成爲國家而採取一種獨立的形態　由那實際上的個別與總和之利害關係分離　而同時是作爲幻想上的共通性，但時常是在每種家族集團與種族集團中所存在着的統系之現實的基礎上，那些統系是血肉，語言，大規模的分工與他種的利害關係——特別是我們隨後將要論到的，由分工之故已經規約着的階級　這在各種人羣中自行區分着而其中之一是把其它的一切都支配着的。由這兒所生出的結果　是國家內部之一切的鬥爭，民主政治，貴族政治，君主政治間之鬥爭，求選舉權以及其它，它凡有共通性的事物之一般的*幻想上的形態之鬥爭，不外是幻想上的種種形態，在這下面相異的階級彼此間之實際上的鬥爭是實行着的（對於此事德意志的理其論家們竟連絲毫風影都沒有豫想到，不怕人們在德法年報及神聖家族中已經充分地把嚮導給與了他們），更進是舉凡爭取着支配權的階級，不怕他們的支配一般地是要廢止全部舊有的社會形態與支配，比如在無產階級正是這樣，但他們爲要把他們的利害關係又表現爲一般物，對於這事他們在第一瞬間便不得不從事的，他們第一步必須要獲得政權。正因個人們只管着自己的特殊利害，不求與共通的利害關係一致，所以這共通的利害關係對於他們是「疏外的」，和他們是「不相干的」，被認爲在其本身又是一種特殊的固有的「共同」利害，不然他們便當像參與民主政治一樣要來參與這種分爭。但在另一方面，這始終是現實地和一般的或幻想上的一般的利害關係相對立的特殊利害之實踐的鬥爭，由那幻想上的「共同」利害在作爲國家上也使實踐的調劑與羈勒成爲必要。——

*（一般的）此字原文Allgemeine，在原書中首字誤爲大寫（A　繳者名詞，以致頗費解　望讀原書者注意。（譯者）

最後是分工向我們提示出如下的最初的實例，便是只要人們總是在自然發生的社會內生存着的期中，因而在那特殊的與共同的利害關係間之分裂是存在着的期中，因而營爲不是出於自由意志而只是自然發生地分化着的期中，人之自作的行爲在他是成爲一種身外的對立着的力量，這力量羈絆着他，而他不能把這力量支配。便是只要工作一開始分化了，每個人便都有一項既定的專屬的營爲領域，這束縛着他，他不能從這兒脫離，他是獵師，是漁夫或牧人或者批判的批判家，假如他要想不失掉生活之資料，那他便當安守着本分——而在共產主義的社會中則不然，在這兒每個人沒有一定的專屬的營爲領域，甯是在任何部門中都可以得到教養 社會規制着一般的生產物 正因如是所以在我是可以隨心所悅地今天做這 明天做那 淸早打獵 中午打魚 晚來趕牛馬 也可以品評吃食 用不着要做獵師 漁夫或者牧人或者批評家。這種社會的營爲之固定化 我們自己的生產物之彊定爲超越於我們的一種實質的力量 不聽我們約束 破壞我們的期待 消滅我們的計算 正是從來的歷史的發展之主要要素之一 「而且在財產裏面 還在初本是由人自巳所施設的一種制度，不久對於社會便給予了一種獨特的爲其創始者所決不曾企圖到的轉

向　對於任何人都是昭示着的，只要他不是固窒在甚麼「自我意識」或者甚麼「唯一人者」裏面。」

共產主義在我們不是應該造出的一種境況，不是現實該得遵照的一種理想。我們所謂共產主義是那實際上的運行，那在揚棄着目前的現狀的。這種運行之諸條件由現在具存着的前提中發生出來。

社會的力量，卽是由各個個人在分工中所必致的協力之所生出的那種複雜化了的生產力，因爲協力本身不是出於自由意志，而是自然生長的，所以在這些個人們看來不是他們自己的結合了的力量，而是在他們之外的他人之力量，他們不知道這力量是從何處來向何處去，這力量他們自然不能再行支配，反而現在是通過着一列獨特的諸相位與發展階段　和人之意志與奔走全不相干　否　甚而是在指揮着意志與奔走。

這種的「自我疎外」，用這個字是在使哲學家們易懂，自然是只有在兩種實踐的前提之下才能揚棄。爲要使它成爲一種「忍無可忍的」力量，卽是人們要向着它革命的力量，那要它把人類大衆造成純全的「無產」，而同時是與富厚和教化之現存的世界相矛盾，這富厚和教化是以生產力之偉大的增長——生產力發展之高度爲前提的——，而另一方面這生產力之發展（與此同時已經有存在於人之世界史的地位中而非於其局部的地位中的經驗的存在）因而也是一種絕對必要的實際上的前提，因爲沒有它便只有貧乏被一般化，獲得必需品的鬥爭隨着困窮也就重新開始，而整個舊有的排洩物又不得不恢復起來，更因爲人類之一種世界的交通只是以這種生產力之世界的發展爲前提，因之一方面有「無產的」大衆之現象在一切民族中被創生出來（一般的Konkurrenz*），每一種民族都不能免於變革，終至把局部地方的個人置換爲世界史的與經驗上之普遍的個人。沒有這項時，第一，共產主義只能作爲一種局部性而存在，第二，交通之諸多力量本身會難以發展成爲世界的因而是無可忍耐的力量，它們會停滯在鄉土迷信的「情況」中，第三，交通之各種擴張會把地方的共產主義廢止**。共產主義只有在作爲一般支配着的諸民族之行動上，一時而且同時地，在實際上才有可能，這事是以生產力之世界的發展與之密接關係着的世界交通爲前提。還有是無產的勞工大衆——

*此字義乃「競爭」，在此頗費解。疑本是Konkurserk.（Konkurserklarung之略「破產宣告」）形近而譌。（譯者）

**此義殆以原始共產主義爲其例證（譯者

大量地從資本或僅鮮的營生上切離了的勞動力——以及這勞動之不再是一時性的損失，甚至以競爭爲一種受着保障的生活源泉之極不安定的狀况，也是以世界市場爲前提。所以普羅列塔利亞也只有是世界史地存在，如同共產主義一樣，他的行動【?】，是只有一般地作爲「世界史的」存在而現存着。個人們之世界史的存在，即是直接地與歷史密接着的個人們之存在。（註）

假使不然，例如財產制度如何一般地會有一個歷史　會採取着種種不同的形態，譬如地權如何會準依着種種不同的現存着的諸條件　在法國則由小地區而向着少數人掌握裏集中，在英國則由集中而向少數人掌握中小地區化，恰如當今現行着的實際一樣呢？或者如像那僅僅不過是各種的個人及地方之生產物之交換的商業，如何會由需要與供給之關係而支配着全世界？——那個關係　像英國的某經濟學家*所說，是和古代的運命之神一樣浮漾於寰球之上　以不可見的手向人間分佈着幸與不幸　使某某國也興　某某國也廢　使某某民族也蕃榮　某某民族

（注）這一長節（由這種的自我疏外以下）是馬克思寫在原稿邊上的。

此指亞丹斯密（譯者

也衰亡——然而隨着它的基礎，私有財產制度，之廢除，隨着生產之共產主義的統制與同人類以之與自己的生產物所關係着的那種疎外性之在共產制中的消滅，需要與供給之關係之威力會化爲烏有，而人又會把交換，把生產　把他們彼此間的關係之方法支配起來。

由在一切歷來的歷史的階段上現存着的諸生產力所規訂着而它又規訂着諸生產力的那種交通方式是有產者的社會，這是由先進諸階段產出，以單一的家族，複合的家族，所謂種族制爲其前提及基礎，其更精密的諸規定是包含在先進的諸階段裏面。在這兒已經就表示着，這有產者的社會正是一切歷史之眞實的老家和舞臺，而向來的歷史觀，只注意着一些高腔高調的聖君賢相與國家大事，把現實的關係閒却了的　那是怎樣的乖謬了。

以上我們已經一般地考察了人的營爲之一方面　那是人力對於自然之加工

其另一方面，人力對於人之加工（注）。

（注）這一節未完成地中斷了。注意標示是出馬克思所加　在欄外馬克思還加上了「交通」與「生產力」二字。由此可以想見這一節本是要留待後來推敲的。下面的一節——或者怕是標題——也同樣

是留給寫作的備忘

國家之起源　與國家對於有產者的社會之關係

歷史不外是各個世代之連續　每個世代都把一切前代所遺留下的諸多資料，諸多資本，諸多生產力利用起來，所以不用說一方面是在完全變革了的情形之下繼承着傳來的營爲，另一方面又以一種完全變革了的營爲去修正舊有的境況，這事在思辨上却過甚地附會了起來，竟至於把後時代的歷史作爲前時代的之目的，例如說美洲之發現奠定了使法蘭西革命爆發的基礎，於是歷史便由之而得到它的諸多目的，得到一種「人格與其它諸多人格（這兒所說的是「自我意識　批評唯一人者」　等等）並列」，而其實凡用這樣的文字來表示着的甚麼前代的歷史之「使命」，「目的」，「胚胎」，「觀念」，不過是由後代的歷史中生出之抽象，前代的歷史對於後代的歷史所播及的積極的影響之抽象。——互相作用着的各個的區域在發展之進行中愈見發展，各個國民性之原生的閉關境況由發達了的生產方法，交通，及由之而自然產出的在各種國民間之分工　愈見消失，則歷史愈見成爲世界歷史，那情形就譬如在英國有一種機器發明了，同時便使印度與中國有無數的工人失掉麵包，而使這些帝國*之整個的存在形態便完全變革，這項發明便成爲一項世界史的事實；又如砂糖與咖啡之有其世界史的意義，在十九世紀中曾經得到證明，便是由拿破崙之大陸條例所生出的在這些生產品上之缺乏把德意志激發了起來反對拿破崙，就這樣便成爲了一八一三年那大有光輝的獨立戰爭之眞實的基礎。由此可知歷史之轉換爲世界歷史，並不是甚麼「自我意識」，「世界精神」，或者其它的某種玄學鬼之空空洞洞的業績，而是一種純物質的實驗地可證知的行爲。每一個個人　在其行立食飲穿換衣服時都在提供着證明的一種行爲。

*中國昔時本是帝國。（譯者）

「聖　默苦司．斯迭訥本人都是把世界史揹在自己的背上的　而每天都在吃着它喝着它就如像在往者吃着喝着　我主耶穌基督之肉之血　而世界歷史又每天每天都產生着他　產生着「他固有的生產品」之唯一人者　因爲他是不得不吃　不得不喝，不得不穿著．在那「唯一人者及其所有」一書中之引用文　聖．默苦司與霍時　Hess)及其它遠離着的人們之討論　那明白地證明着他是在精神上也被世界歷

產生著　所以結論是這樣，在「世界歷史」中的個人們，和那由大學生與自由的女縫工所構成的每種斯浡訥式「協會」中的，正是同一的「自主者」」各個的個人　隨着營爲之成爲世界史的之發展，總愈見被奴使於一種不屬於他們的威力之下（他們把這種壓迫却又表示爲甚麼世界精神等等之詭計），這種威力愈見龐大起來，結果是成爲世界市場，這在從來的歷史中是一項經驗上的事實。但是由於既成的社會情形之崩潰，由於共產主義的革命（詳見下文）與與之一致的私產制度之廢棄，這在德意志的理論家們是如彼神祕的一種威力便得到解消　於是每個人之解放便實現了出來，與歷史之完全地成爲世界史在同樣的程度，這也同樣是實驗地被證明了的。個人之實際的精神上的富裕完全是依係於他的實際的諸多關係之富裕，由上所述已是明瞭。各個的個人在這兒才由各種國家的與地方性的束縛解放出來，與全世界之生產（精神上的生產亦復如是）才生出實際的關係　而達到一種狀態　得以有享受全地球上全面的生產（人類之諸多創造）之可能。這全面的依存，世界史的個人協作之這種自然生長的形態，由這共產主義的革命被轉化爲這些威力之調節與意識着的統制，　那些威力雖是由人類之協力而生出，　但向來只是完全和人類疏離而支配着

人類 這個觀照現在可以思辨地 觀念地 即是說幻想地 被人解釋為「天機（Gatt ng）之自我生化」（「社會與主觀」） 因而共同關係着的個人們之繼起的一系又被想像為一個唯一的個人 那完成着自行生化的奇蹟。這兒所表明着的，是個人們無論在物質上與精神上，總只是相互地造成，但不是造成自己，聖布魯諾之胡說是這樣 據他說「人格（二）之概念（一）一般地（三）是在（四） 把自己本身限定着（這層他很拿手），而這項限定，這（不是出於自己 不是由於一般，也不是由於它的概念） 却是由於它的一般的（五）本質（六）所措定，（七）正因為這個本質只是人格之內部的（八）自我差別化（九），人格之動能，而這項限定是又會（十）揚棄的（十一）第八七—八八頁（布魯諾先生沒有數上一打 ）所謂「唯一人者，所謂「被造成的」男子，其說素也是這樣。）

由上所述可以知道 但凡共意識是共產主義的個人們 只要他們一把這現存的社會（ （編者注

此節未完成。）

最後我們由所展開了的歷史觀還可以得到下述的結論：1.在諸生產力之發展中要來一個階段，在那階段上諸生產力與交通手段創設了出來，在既成的諸關係之下只會釀着患害，不再是生產力，而却是破壞力（機器與貨幣）——又與之關聯着的是有一個階級創生了出來，它不能不担負着社會之負担，而不得享受其利益，它被人迫逐出社會以外，被迫到與其它一切的階級成決絕的對立；這一個階級，它構成着一切社會成員之極大多數，那種感覺着徹底的革命之必要之意識，卽共產主義的意識，是由它發生出來，這種意識在別的階級中只要了解得這個階級之意義自然也是可以構成的；2.既定的諸生產力於其內可以應用的諸條件，是某一個既定的階級之統制之諸條件，當該階級之社會的由其所有而發生的威力，在當該國家形態中有其實踐的・觀念論的表現，因而每一個革命的鬥爭總是對於向來支配着某一個階級的；3.在一切向來的革命中營為之種別*總是絲毫不變所變的只是求這種營為之另一種分配　求把勞動從新另行分配於別人　共產主義的革命則不然　它是要變革向來的營為之種別，要把勞動撤廢　要把階級之統制和着階級的本身一並揚棄　因為它是由一個階級所執行出來的，那在這個社會裏面再說不上階級　不被認為階級　它是現社會內所有一切的階級　國民性等

*（譯者注）卽勞心勞力之別。

之解消之表現；4.對於這種共產主義的意識之多量的產出與其事業本身之貫徹上須要人們之多量的變化，這種變化只有在實際行動中在革命中才能實現；革命之必要不消說不僅是因爲支配着的階級決沒有第二種的方法來推翻，而且也因爲革命的階級也只有在革命之中才能把一切舊式的陳腐從頭上消掉以養成在社會之新的創建上之能力。

所以這個歷史觀之根據，是在把現實的生產過程，而且由直接的生活之物質的生產出發，來叙述，是在把那和這生產方法關聯着且由之而生出的交通形態，也就是在其種種不同的階段上之有產者的社會作爲整個的歷史之基礎而把握，把有產者的社會在其作爲國家上之活動中表述出來，並把那全部理論上的各種不同的意識產物與形態，如宗教，哲學，道德，等等．等等，由社會上去解說，而從它們之中去追求社會之成立過程，在那時事體在其整個性中自能被叙述出來（因而這些不同的方面彼此間之交互作用也得到明示）。這個歷史觀不像觀念論的歷史觀一樣，要在各個時代中去追求一種範疇，寧是始終立定在實際的歷史之基地上，非由觀念去說明現實，是由物質的現實去說明觀念構成，因而也達到如次之結果，便是意識之一切的形態與產物不是由精神上的批判，不是由解消之爲「自我意識」，或轉化之爲「妖怪」，爲「陰魂」，爲「癲狂」，等等，甯是由現實的社會的諸關係，這些觀念論的胡說之所由發生的之實際的倒壞，才能被解消，便是歷史之推進力，不是批評，乃是革命；宗教，哲學以及其它理論亦復如是這歷史觀表示着歷史不是把自己解消於「自我意識」作爲所謂「精神之精神」，而因以告終，甯是在歷史中之任何階段上都有一種物質的成果，諸生產力之一總和，歷史地所造就的對於自然以及個人相互間之關係，這是由前代向每一個世代遺傳下來的，是諸多生產力，諸多資本，諸多境況之一大批　一方面雖然由新的世代加以改革，而另一方面對於這新的世代也爲之豫定其獨有的諸生活條件，賦之以一種規定的發展，一種特殊的性格　也就是說如人們之製造寰境一樣　寰境也製造人們。這諸多生產力　諸多資本，諸多社會的交通形態　各個人與同各個時代視之爲前所賦與者的，之總和，是哲學家們所視爲「本體」和「人類之本質」　所神化，所攻擊的者之現實的基礎，這種現實的基礎，儘管哲學家們認爲「自我意識」爲「唯一人者」而對之反抗　在其對於人們之發展上所有的諸多作用和諸多影響絲毫不會受動搖。這各種相異的世代之前定的諸生活條件，決定着那在歷史上週期地反覆着的革命的動搖究竟已否有充分的強力足以顛覆那一切既成的者之基礎，假使一種整個的崩潰之物質的原素，即是一方面是不同的諸生產力 另一方面是革命的大衆之構成，不僅是對向來的社會之各個各個的條件作反對 而是要改革向來的「生活生產」本身，要改革社會所據以爲基礎的之總體的營爲 如不存在時，則此顛覆之觀念縱使已宣說百遍，那對於實際上的發展完全是無可無不可——共產主義之歷史便是證明着的。

整個向來的歷史觀不是把這歷史之實際的基礎完全地不放在眼裏，便是僅看成一種副次事項，與歷史的運行了不相關。所以歷史總時常是不能不依據一種外在的尺度而被繕寫，實際的生活生產看成非歷史的，而歷史的者是看成爲與一般的生活分離，特等超世間的東西。人們對於自然之關係以此而由歷史中除外了，因而自然與歷史之對立乃被形成。那種歷史觀所以在歷史中只能看見政治上的國家大事，與同宗教的及一般之理論上的鬥爭，而且特別的是在各個歷史的時代中都不能不分受着該個時代之幻想。例如某一個時期自己以爲是由純「政治的」或

「宗教的」動機之所規定，其實「宗教」與「政治」僅是該時期之實際上的動機之外觀，而歷史家便接受着該項意見。這種「以爲」，這一定的人們對於其現實的實際之「觀念」，被轉變爲唯一能規定的能動的勢力，支配着規定着這些人們之實際。像在印度與埃及其分工所於以出現着的那種粗野的形態，把這些民族中之階級制，在他們的國家與他們的宗教中喚起了時，歷史家便以爲這階級制是產出這種粗野的社會的形態的之勢力。法國人與英國人至少還相信政治的幻想，這和實際總還算是最接近的東西 而德國人則逍遙於「純粹精神」之領域 把宗教的幻想弄成歷史之推進力 黑格爾派的歷史哲學是這整個德意志式的歷史叙述不管實際 絲毫不管到政治上的關心 只是討論着純粹的思想的，之最後的達到其「最純粹的表現」的結果，這種的歷史叙述其次是在聖布魯諾也看成是互相吞噬的一長列思想，結果是沒落到「自我意識」，更澈底的是在聖·默苦司·斯迭納 他是把整個實際的歷史完全置之不問的人 這歷史的進行在他是不能不看成純粹的一部「騎士談」，「盜寇傳」「妖怪談」，從這些幻影之前他自然只會知道以「無信仰」之一法來把自己救出 (注) 這種見解實際上是宗教性的，那把宗教的人們假想爲一切歷史所由以出發的原人，在其假想中把宗教的幻想生產代替那生活資料乃至生活本身之實際的生產。這整個的歷史觀與同其解消及由之而生出的疑惑與危懼是德意志人之純國民性的一種事件，只是對於德意志人有點地方性的興趣，那比如就和近來常見討論着的那個重要的問題一樣：要問人究覺是怎樣「由神國降到了人國」，就好像這「神國」除在假想中還在甚麼地方存在着，有學問的夫子們不曾注意到一直都不曾住在「人國」，而現在找尋走向「人國」的道路一樣，又好像那種科學的遊戲——因爲它不外是如此——要來說明這理論的雲霧昇騰之妙景的，不正當恰相反對地該把理論的雲霧之生存由實際的地上的諸關係來證明。在這些德意志人名下 一般地所過問的總是要把既存的胡說另外解釋成一種甚麼哥亂謅，即是說假定着這全部的胡說總有一番奇妙的道理，該得去找尋出來，而其實只消把那種理論上的空文由現存的實際的諸關係來拆穿。要現實地實踐地解消這些空文，要由人類意識中排除這些觀念，那已如前面所說，只有由環境之變革方能完成 而不是靠這些理論上的種種演繹 這些理論上的種種觀念對於人類大衆 即是普羅列搭利亞 是不存在的 對於他們因而也沒有解除之必要，作算大衆曾經有過些理論上的觀念 例如宗教 但這些觀念在目前已經早由環境解消了。

這些問題與其解决之純是國民性的，在下述的情形中也是表示着的，便是這些理論家們千眞萬誠地相信着如「神人」或「眞人」之類的妄想眞是支配過歷史中之各個時期，——聖布魯諾竟至於主張到只有「批評與批評家製造過歷史」——再則他們如要自行從事於歷史的構想時，便以最大的迅速跳過一切的前代，由「蒙古人時代」一直要跳到眞正的「內容充實的」歷史 即是哈烈年報與德意志年報(注一) 之歷史，黑格爾學派解消爲一般的紛攘之歷史）一切別種國民，一切現實的事件都被忘却了木，人戲是局限在萊普齊市之書肆與「批評」「眞人」「唯一人者」之相互的論爭。萬一在理論上要來處理一番實際的歷史的題材，例如是十八世紀，那他們便只好提出種種觀念之歷史，那些觀念所根據的諸多事實與實際上的諸多發展是除外了的 而且這種叙述也只是想把這個時代認爲是一八四〇

(注)馬克思在此處加上一些旁白而未表明插入地點：「所謂客觀的歷史叙述正是成立在把歷史的諸關係從營爲分離着去解釋。反動的性格•」

年至一八四四年間德意志的哲學鬥爭時代未完成的前階段，之還局限着的前驅。爲要使一位非歷史的人物與其諸多空想之聲價愈有光彩而去叙述前代的歷史，那嗎把一切實際的歷史的事件，甚至連實際的歷史的政治事件，都在歷史中不提，所提到的不是一些研究　而是一些推想與文藝的漫談，——就如聖布魯諾在他已被人忘却了的十八世史中所辦過的一樣，那是正合於這種目的。這種昂頭天外自空一世的思想買辦，自以爲是無際限地超在了一切國民性的偏見之上，其實在實際上比那夢想着德意志之統一的通常的俗人還要更加是國民性的。他們把別種民族之行爲完全不認爲歷史，他們是在德國　於德國，爲德國生活着的，他們把萊茵歌（注二）轉化成一首神聖的讚歌，佔領了愛爾塞斯與羅特林恩二省，沒有偸到法蘭西的國家却偸到法蘭西哲學，沒有把法蘭西的省份日耳曼化，却把法蘭西的思想日耳曼化了。文涵泰君（注三）比較起在理論之世界支配中　宣稱出德意志之世界支配的那聖布魯諾與默克司，却是一位世界人

（注一）哈烈年報與德意志年報：Arnold Ruge所主宰的兩種自由主義的雜誌　內容是談文學哲學前者發行於一八三八年　因其反政府的態度銳烈，一八四一年爲普魯士政府所禁止　乃遷徙於

Dresden 改稱後名。一八四三年又爲普魯士，撤喀孫政府等所禁止　譯者）

（注　萊茵歌　此指德國國歌萊茵河之守衛（Die Wacht am Rhein）。（譯者）

（注三）文迺泰（Ja ob. Venedey: 1805—71）：德國自由主義的著作家，受政府迫害，曾久亡命於英法，一八四八年革命之際始歸國　被選爲佛郎克府準備會議及國會議員，成爲左翼之一指導者（譯者）

由以上的論述可知費爾巴哈（危甘德季刊　一八四五年第二卷）以「公共人」(Gem inmen h)資格自稱爲共產主義者，把人「這東西」(,,da" Mensch)轉化成了一個賓詞，因而把共產主義者這一個字，這在現存的世界中是表示着一種特定的革命的黨派之黨員的　以爲又可以轉化成爲一個單純的範疇　他是昏亂得怎樣的厲害。費爾巴哈關於人類相互間之關係之全部的演繹，只是在證明人們在相互上是有必要而且從來是有了來的。他想立定關於這項事實的意識　就如其它的理論家一樣　他也想只造成一個關於既成的事件的正確的意識　然而實際的共產主義者是要把這既成者推翻。此外我們可以完全地指示出，當到費爾巴哈正在努力來造出這項事實之意識時　他是把一般的理論家　不失其爲理論家與哲學家的，所能走的道路，走盡了頭。但是特徵是，聖布魯諾與默克司是把費爾巴哈關於共產主義者之觀念立即代替着實際的共產主義者的，這種辦法一部分是因爲他們這樣便也好把共產主義者作爲「精神之精神」，作爲哲學的範疇，作爲同類的敵對者而抗戰——而在聖布魯諾方面還有一層是出於實用上的利害關係。費爾巴哈還有和我們的敵人所共同的關於既成物之認識而同時是誤認的例證，我們提醒出將來之哲學*中的幾節　在那兒他敍述着說，一物或一人之存在同時便是該物該人之本質，又說一種動物的或人的個體之一定的生存關係　生活方法與營爲　是該個體之「本質」於其中自行感覺着滿足的東西。在這兒明白的是一切的例外被看成爲一項不幸的偶然，看成爲無可變更的一種變態。所以假如有幾百萬的無產者在他們的生活關係中全然感覺不着滿足　假如他們的存在對於他們的

（注）

（注）原稿在此處無下文　這最後的一節（自「由以上的論述」以下）是寫在原稿二八頁之右半面，由馬克思之手筆標題着「費爾巴哈」。其左半面是標題着「鮑弈爾」的文件。這面和在上邊已經揭出的部分，都是又掉了的　這在原稿上也同樣的沒有下文。其文云：「在此無法避免的穿折之後我

們再走回聖布魯諾和他的世界史的鬥爭上來。布魯諾提出幾項重要的文句要求費爾巴哈要銘記之後，他注視到費爾巴哈與「唯一人者」間之鬥爭。使他對於這項鬥爭感覺着趣味的，第一層是那項莊嚴的三度的微笑。「批評家是勢如破竹地，必勝地，常勝地，走着自己的道路。別人譏謗他：他微微一笑。舊世界要起來組織十字軍來反對他：他微微一笑。」批評家走着他的道路，或是他的種種道路，那並不稀奇，——「但是」吾道非汝等之道，吾之思想非汝等之思想也，吾道乃神學之道，吾至聰叡，不至走入旁門，批評家如是說。批評家聖布魯諾——這自然是確定着的——走他的道路，但是他的走法不像別人一樣，他走的一種批評的道路，他帶着「微笑」來幹着這項本事。他在他的臉上微笑出多多的皺紋，就如像地圖上表示着的東西印度一樣。少小姐會撇他的耳光，他要微笑着接受，以爲是大大的恩賞，——就如沙士比戲曲中馬爾大略所說的一樣。*** 聖布魯諾要和他的兩位敵人抗戰，他連一指也沒動，他知道得一種更妙的方法調制他們。他讓他們去——分裂而逞強——自行去爭鬥。他把費爾巴哈，把這位「人」，向「唯一人者」第一二四頁對立着，「唯一人者」向費爾巴哈對立着；他知道他們彼此是十分的相恨不過就如像……「原稿至此中斷」。

*危甘德季刊該卷中有費爾巴哈匿名之論著：「關聯着唯一人者與其所有論及基督教之本質」，其末尾有如下一節（第二〇五頁）：「所以費爾巴哈不是唯物論者，不是觀念論者，也不是心物一

如論之哲學家 他到底是甚麼呢？他是有思想的，精神上所行所爲 如其肉體上所行所爲，本質上所行所爲 如其感官上所行所爲——他是人也，或者寧可以說 因爲費爾巴哈把人之本質只安置於共同之中—— 他是共同人 共產主義者。」（譯者）

** 將來之哲學（Grundsatze der Philos phie de Lukunft. 1843年）．費爾巴哈主要著作之一此外尚有「黑格爾哲學批判」（一八三九年）「基督教之本質」（一八四一年）「哲學改革之暫定論綱」。（譯者）

莎士比喜劇「十二夜」中之一段表白 「大大的恩賞」 德文原版作 「Eine Grosse Kunst」 但英文本作「A Gr eat favour」。Kunst乃Gunst之誤。（譯者）

在每個時代中支配階級之思想便是支配着的思想 即是這個階級，是社會之支配的物質的勢力者 同時是社會之支配的精神的勢力。這個階級 將物質的生產之手段歸其統治 同時也要來安排精神的生產之手段 因此那沒有精神生產之手段的人之思想，在平均上也就同時被隸屬於其下。支配的思想不外是支配着的物質的諸關係觀念上的表現 即是被認成爲了思想的 支配着的物質的諸關係，也就是這些關係使該一階級成爲支配者 所以也就是支配者之思想 構成 出支配階級的那些個人們 他們在別種事物之外也還有意識 因而也會思惟 所以在他們是作爲階級而支配着的期間，在歷史時期中規定着一個整範圍的期間 他們要張揚到盡頭，在它種事物之外也要作爲思想者，作爲思想之生產者而支配 而統治其時代之思想之生產與分配；因此他們的思想也就成爲該時代支配的思想，那是自明的事理。例如在一個時代，在某一國中，在那兒有王權，貴族，資產階級在爭奪統治權，那兒的統治權因而是分裂着的時候，在這兒便會有分權說作爲支配的思想而發生，不久更將被宣稱爲「永恆的法則」——我們在前面已經作爲從來的歷史之中心勢力而敘述過的分工，現在在支配階級中也表現出來而爲精神的與物質的之分工，因此在該階級內一部分是出現爲該階級之思想家（該階級之能動的陽性的學究，是以培養該階級對於自己本身之幻想爲主要營生的），而另一部分對於這種思想與幻想便更是被動地，陰性地行動着 因爲他們在實踐上是該階級之主動的成員，更少時暇去製造關於自己本身的幻想與思想。在這一階級 該階級之這種分化甚至會發展成爲某種程度之對立與仇隙 但這種對立與仇隙每逢要把該階級導入於實際的危機時，便會自行化除 在那時候這種支配的思想就好像不是支配階級之思想，就好像所有的勢力有異於該階級之勢力的那種外觀便也消滅。在某個一定的時期革命的思想之存在是以革命的階級之業已存在爲前提，關於這些前提之必要已經是在上面說過的。假如我們在歷史的進行之事理上把支配階級之思想從支配階級離脫，而使之獨立，在那時不問思想生產之諸條件，也不問產生思想的人，只說在某一個時代有這樣的或那樣的思想支配過，思想之根底上所橫陳着的個人們與世界情勢也一概除掉，像那樣我們便可以說，在貴族支配着的時代，是榮譽，忠誠，等等之概念，在資產階級之支配期中是自由，平等，等等之概念支配着。「支配階級通例是有這樣的觀念，便是他們的這些概念是支配着的，其所以異於前時代之支配的概念之處，只是在他們以爲是永恆的眞理。」「假如支配階級愈感着必要，須把本階級之利害表述爲社會一切成員之共同利害時，這些支配的概念便愈會有一個一般的或博大的形式。」支配階級本身通例是這樣想像着的。這種歷史觀，這自十八世紀以來特別是爲一般歷史家所共通的，必然地要碰着這些現像，便是愈見的是空洞的思想在支配，即是說一些思想愈見取着普涵之形態。每個新的階級，即是代替了舊有的支配者的，爲要貫澈自己的目的，它必須要把自階級之利害表示爲一切社會

成員之共同利害 觀念地寫出時，便是賦與其思想以普遍性 表示爲唯一合理，普遍妥當的東西。（普遍性所適合的是 1.階級對身份 2.自由競爭，世界交通等等，3.支配階級之大大的多數，4.共同性的利害之幻想。在初這種幻想是，5.學究之欺騙與分工。）(注-革命的階級，因爲是對於某一個階級之反抗，所以在初不是以階級而出現，是以全社會之代表者而出現，它顯示爲社會之全部大衆與唯一的支配階級對立。它能夠如是，是因爲在初它的利害實際地和其它一切非支配階級之共同的利害還能夠聯絡，在從來的諸關係之壓迫下還沒有發展成爲某一特殊的階級之特殊的利害。所以它的勝利是還有益於其它不屬於支配階級的階級之多數的個人，但其範圍只是在使這些個人現在又得以提昇到支配階級而已。當其法國的資產階級把貴族之統治推倒時，他使無數的無產者因之而得超昇到無產階級以上 然而只是在使之成爲資產階級而已。所以每個新的階級比從來的支配者能夠把支配權更擴充在較廣義的基礎上 但使後來的被支配階級又與這新的支配階級之對立更尖銳化 深刻化而已。由此兩者之結果 必然的是對於這新的支配階級之鬥爭比從來一切爭取統治權的階級所能辦到的 還要是對於從來的社會狀況之更澈底的更根本的否定。

(注)此括弧中之一節是馬克思寫在旁白上的 沒標示插入處所 (「在初這種幻想是」) 是字原版作 wah 疑是war 之誤。(譯者)

階級之支配一般地一停止其爲社會的制度之形態，因而不再有必要，要把一種特殊的利害表彰爲共通的或「普遍者」，表彰爲支配着的利害，則某一個既定的階級之支配儼然只像是某種思想之支配的，那全部的外觀便自然地自行消滅。

支配的思想由支配着的個人們乃至特別是由那些生自生產方法之某一個所與的階段上的諸關係一旦分離，因而發生出一個結果，覺得思想總時常是在歷史支配着這樣的情形以後，要從這些不同的思想中抽象出「這種思想」，這種觀念，等等，作爲在歷史中之支配者，再則因此把一切這些不同的思想和概念視爲在歷史中發展着的概念之「自性規定」 那是很容易的事體。其次 凡關於人之一切觀念能夠由人之概念 由觀念化了的人 由人之本質，由我們這人 引導出來，那也是自然的道理。 這事是思辨的哲學所辦到的 黑格爾在他的歷史哲學之末尾自行表白道 他「專於考察概念之進展」 作爲歷史中曾經發揮出了「眞正的神義論(Theodi ee)」(第四四六頁)。我們現在又可折回到「概念」之生產者，折回理論家 學究和哲學家們上來，達到的結果是，哲學家們，思想家們，從古以來便以這樣的資格在歷史中君臨着——這一個結果，像我們所見到的一樣 也已經爲黑格爾所說出。所以要在歷史中證明精神之宰治（斯迭訥稱爲教權制）那種把戲不外是使用下列的三種手法。

第一。須得把這支配者之思想由這出於經驗的根據 在可實驗的諸條件下以物質的個人而支配着的人們分離 因而於歷史去認識思想或幻想之支配。

第二。須得把一種秩序送進這思想支配之中，在繼承着的支配思想們中證明有一種神祕的關聯，這件事情是容易辦到的，只要人們把它們認爲是「概念之自性規定」 這事之所以可能 是因爲這些思想們由其可實驗的根據實際上是互相關聯着，又因爲被解爲純粹的思想 化成「自性差別」 由思想家所造成的差別。(注)

(注)由 又因爲」以下爲馬克思所加Vom Denke（由思想家）或者也可讀爲Von Denken。(由思想
或者也可讀爲Von Denken由思想（譯者此按當以後讀爲長，因所言乃思想之「自性差別」，即

思想生出之意 故復法以「由思想所造成的差別」。）

第三 爲要除掉這種「自性規定的概念」之神祕的外觀 便把它轉化成爲一個人格——所謂「自我意識」——或者是要表示得十分唯物一點，便轉化爲在歷史中代表着「概念」的一長串之人格 轉化爲「思想家」 爲「哲人」 爲「學究」 這些人格接着便被人認爲歷史之名工 爲「哨樓守」 爲統治者 就這樣把全部唯物的要素由歷史中除掉了 於是焉而人們乃安然縱轡以馳騁其思辯的駿馬。

在德國（試問何故）特別佔有勢力的這種歷史觀，是當得由一般學究們之幻想，例如法律家，政論家（實際的政客也包含在內）之幻想，由這些拐子們之獨斷的夢想與牽強附會，而被論述，那些幻想夢想等由他們的實際上的生活地位，他們的職業，與分工，是容易說明的。

在日常生活中每個生意人都很知道一個人自以爲是怎樣與其實際上是怎樣的二者間之區別，而德國的歷史敘述却連這點俗套的見識都還沒達到。每個時代關於自己所自道 所自擬的話頭、它都照樣接受。

B.唯物觀中之經濟，社會 個人 及其歷史

【：】(注)從前項所提供出的是發達了的分工與擴大了的商業之前提，從第一項所提供出的是地方性。在前項時諸多個人不能不聚集起來，在第二項則個人們在所與的生產工具之外連自己本身也看做生產工具。在這兒不消說是有自然生長的與由文化所製造的生產工具之區別。田地，(用水及其它)可以作爲自然生長的生產工具看待。在第一項卽是在用自然生長的生產工具時個人們是統攝在自然之中，在第二項則是統攝在人工之產物裏面。在第一項所以財產(地權)也是顯示爲直接的自然生長的支配，而在第項則是人工之支配特別是累積的人工資本，之支配。第一項是假設着個人們由某種羈絆不管是家族是種族是土地本身以及其它等等所結合着的第二項則個人們是了不相關只是爲交換所聯係。在第一項時交換大抵只是人與自然間之交換是某個人之勞動對於別一個人之生產物所被交換着的交換在第二項時則交換主要地是人與

人間之交換。在第一項只要有平均的智力便可蒇事，勞力與勞心是完全還沒有分開；在第二項則勞力與勞心之分工必然地是已經實行了的。在第一項時有財產者對於無財產者之支配只是在人身的關係上，在一種共同關係上，而在第二項則必需在一種第三者之中，即金錢之中，取着一種具體的姿態。在第一項存在着的是小規模的工業，但是是統攝在自然生長的生產工具之利用下，因而對於各個個人無所謂分工；而在第二項工業只是成立在乃至成立於分工的

（注）在原稿中這兒闕掉四頁，所以還第二章之首段是散佚了。第二章之題目是編者所賦

以上我們是由生產工具出發　而且在這兒已經表明着私有財產對於產業上的某某種階段上之必然性　在採取工業中　私有財產和勞動還是完全一致的，在小規模的工業及一切向來的農業中財產是已成的生產用具之必然的歸結，在大規模的工業中生產用具與私有財產間之矛盾才生產了出來　在這個生產上那工業必需要已有很大的發展。（注）要有大規模的工業　私有財產之廢棄因而也才可以辦到。

（注　初稿大經昂格斯改削　原文云「在大規模的工業中生長用具與私有財產間之矛盾才出現　那工

業已經十分發展」

——物質上的勞動與精神上的勞動之最爲粗大的分割是城市與鄉村之分 城市與鄉村間之對立是開始於野蠻時代向文明之推移，種族制度向國家之推移，地方割據向國民之推移，通過全部文明之歷史一直存續到今日(反穀物條例聯盟)。——有城市同時便有管理，警備，課徵，以及其它，簡言之，即公共機關之必要，因而一般地便有政治發生。在這兒人口之中才第一次分劃爲兩大階級 這是直接地根據在分工與生產用具上面。城市已是人口 生產用具 資本 享用品 慾望 之集中之事實 而鄉村則呈出正反對的事實 呈出孤離與零散 城市與鄉村間之對立只能在私有財產制中存在。這種對立是個人統攝在分工之下，在一種特定的強制的營爲之下的，最顯著的表現，這一種統攝，是把一部分人化成爲被局限着的鄉鼠 另一部分人爲被局限着的城鼠，兩者利害間之對立一天一天地新造出來。勞動在這兒又是主要事件，是加被在一切個人們頭上的勢力，只要這種勢力是還存在 私有財產制總必然存在。城市與鄉村之揚棄是共同社會之第一條件，這個條件又依存於無數物質的前提，這些前提僅靠空空的意欲是不能具備，誰都是一眼可以明瞭的（這些條件還當詳細論述）。城市與鄉村之分可視爲資本與地權之分，視爲與地權脫離關係的資本之存在與發展之開端，資本這一種財產，其基礎只是在勞動與交換上面。

「讓我們現在來舉例證。」在中世紀時不是由前代已成地繼承下來，却是由解放了的農奴從新造成的，一些城市之中，除掉各人隨身帶來的，差不多只是成立於極僅少的手工具的小小資本之外，每個人之特有的勞動便是每個人之財產。不斷地逃到城市中來的農奴們之競爭　鄉村對於城市之不斷的爭戰，因此而生的城市的有組織的武力之必要，由一定的勞動之共同所有所生的聯帶　在工業者同時是商人的時代販賣其商品的共同會所之必要，因之而生出的禁止閒人之濫入，各個的手工業間之利害之對立，費力所學到的勞動之保護之必要，以及全國之封建的組織　是每種手工業者團結而爲行擱的原因。我們在這兒對於這行擱制在後來的歷史的發展中所馴致的許多改變，不想詳細的論述。農奴向城市中之逋逃在整個中世紀期中是不斷地存在着的。在鄉村中受着主人迫害的這些農奴　各個地逃進城市來，在這兒他們發現出一種有組織的共同體，他們對之無力，不能不唯命是聽地安就於對於他們的勞動之需要與同有組織的城市上的他們的競爭者之利害所指示給他們的地位。這些零碎地走來的工人決不能夠形成爲一種勢力，因爲假如他們的勞動是行摒性的，那是需要學習的東西，行摒老板要把他們隸屬於自己，依着自己的利害而組織　或則他們的勞動假如是不需要學習的，因而也就要所謂行摒性，而是日傭勞動　決不能成一組織，而只是無組織的流民。——這些城市是由於那種直接的必要，那種爲要保護財產，要增大各個同人之生產用具與防衛用具的苦慮，所生出的眞正的「會」。這些城市之流民是各不相識的，零碎地逃來的個人，他們無組織地對於一個有組織有武裝訓練，虎視眈眈地監視着他們的勢力　是把一切勢力都被剝奪了的。夥計與學徒在每一種手工業中都是應照着老板之利害好好組織着的　他們對於他們的老板所有的那種族長的關係，給與老板以兩重的勢力　一方面是在他對於夥計之全部生活的直接的影響，其次是多因爲在同一的老板之下工作，那對於夥計們是一種實際的羈絆，那把他們對於別的老板之下的夥計們團結起來，和他們分開；最後是夥計們由他們所有的自己又要成爲老板的，那種利害關係，已經是在這既成的制度上束縛着的。所以流民儘管是沒有力量發生不出多大的影響；至少總要還對全部的城市的秩序而起暴動，而擀夥們則只是在各個的行擀內部，而且是在不妨害於行擀制度之範圍內，鬧鬧些小的衝突而已。中世紀行大規模的暴動，都是由鄉村發難，然而總因爲農民之散處與因此而致的無訓練之故，都是了無結果。——

在這些城市中之資本是一種自然生長的資本　那是成立於房廊　工具，以及自然生長的世代相傳的主顧　由於交易之不發達　流通之困難，不能不作爲不兌現的所有由父所傳於其子。這資本並不如現代的資本一樣不管具體化爲此物或彼物，總是要以貨幣來核算，而是一種直接地與所有者之一定的勞動聯繫着的，與之完全不能分離的，在那種範圍內的身分的資本。——

分工在城市中之各個行擀間，乃至在行擀中之各個工友間，是全然沒有通行的　每個工友都不能不熟習於一個全領域之工作，凡是用他工具所能做的東西，能不一概的做出；有限的交通，僅少的各個城市間之連絡，人口之稀薄，以及相互間的慾望之有限，不容許再有更進一步的分工，因而每個工人，凡是要想成爲老攰的，對於其全部的手工都不能不事事當行。所以中世紀的工匠對於自己的專業和其熟練更還有一種關心，那種關心可以昇到某一種偏隘的藝術三昧。但就因爲那樣每個中世紀的匠人也就完全浸潤在了自己的工作裏面，對於工作有一種心甘情願的隸屬關係，較之近代的勞動者，對於工作是不問門類的，其扼轄於工作之處，更要遠甚。

分工之其次的擴張是生產與交通之分離，一種特殊的商人階級之形成，這一種分離，在歷史地傳承下來的城市中是一道（與別的事物連同猶太人一道）傳承下來的，在新建的都市也很快地出現了。以此便有一個伸張到隣接境地的商業聯絡之可能，這一可能　其實現如何是依存於現存的交通機關，於由政治的所保障着的地方上之公安狀態（全中世紀中商旅們組織武裝的隊商是人衆皆知的），於由當時的文化階如所條件着的，凡於交通上可以到達的地域之或粗野或繁複的諸多慾望。——伴隨着由一特殊的階級所構成的交通，伴隨着商業由商人之力向城市隣接地境之擴張，生產與交通之間立地便有交互作用出現。城市與城市互相連接起來，新的工具會由這一城市搬運到別一城市，生產與交通之分劃立地在各個的城市間喚起生產上之一種新的分劃，各個城市各各地立卽開出一種專長的產業部門。開首的地方上之畛域便逐漸地開始解消了。

在一個地方上所獲得的生產力 特別是種種發明，對於往後的發展會不會失掉 那是專於靠在交通之擴張上。向直接的鄰境外尚無若何聯絡的交通存在時每個地方上的每種發明不能不各個的發明出來， 僅僅單純的偶發事件 如野蠻民族之侵入，甚至連通常的戰爭 都足以把一處有發達的生產力與慾望的地方蹂躪到不能不再起爐灶的地步。在開初的歷史中 每種發明必然是日新地在各個地方各不相關地發明出來。就在商業比較擴張了的時代，既成的生產力是怎樣難以免掉全滅，腓尼基亞人與中世紀之玻璃畫便是證明，腓尼基亞人之大部分的發明由於該國之被迫出商業界，由於亞歷山得之侵略與因而召致了的滅亡，是長久地遺失了。在中世紀中玻璃畫也正是適例。到交通成爲了世界交通，大工業有了基礎，萬國都被捲入了競爭戰中，然後已獲得的生產力之持讀才可以確保。

各種城市間之分工，其結果是工場制手工業之成立，這在行擀制下是長到了不能包容的生產部門。工場制手工業之第一次的繁榮——起初在意大利繼後在佛郎德的——是以與外部諸國民之交通爲其歷史的前提。在別的國家——如英國與法國——工場手工業起初是局限在內地的市場。工場手工業在既揭的諸前提之外，還有一種已經進步了的人口之集中——特別是在鄉村間的——與資本之集中，這一部分在擀口上違背着擀規，一部分在商人方面，開始集合在個人手裏的 以爲前提

從來就是以機器爲前提的那種勞動 儘管那機器就在極粗率的形態 那瞬刻便表示着是最有發展性的勞動。織布 這從來在鄉村間由農民爲衣彼之必要所經營着的副業 是由交通之擴張受着刺激 受着更進一步的發展的 最初的勞動。織布是最初的而且時常是最主要的手工場工業。隨着激增着的人口而激增着的對於衣被資料之要求，由於促進了的流通而開始着的自然發生的資本之累積與動態

化，以及因以喚起的並由交通之漸進的擴張所培養出的奢侈慾望，在質量雙方給與織布業以一刺激，這一刺激把它由向來的生產形態中超拔了出來。僅爲自給而織的農人雖終始保存其舊態且猶維持於今日，而與之並列的則在城市中有織布業者之一新的階級發生了起來，他們的織物是規定着提供於全部國內的市場，而且大部分還要行銷到國外的市場。——織布這一種勞動，這用不着多大的熟練而且立刻容易化分成無數的部門的，根據着它這全部的性質，對於行幫之桎梏揭起了叛旗。所以織布業大多數在沒有行幫制的村落與小市鎮上也能經營，這些地方逐漸的變成市　而且很快地成爲該地方之最繁華的城市。——隨着這脫離了行幫制的工場手工業　財產關係也就立卽變更起來。那把自然發生的身分資本超過了的第一步發展是有一種商人之出現　其資本本來是動態的　是近代意義的資本　這所說的自然是限制在當時的諸般關係之內。第二步的進展是隨着這一種工場手工業而來　這又把大量的自然發生的資本動態化，一般地把大量的可動資本對於自然發生的者增殖起來。——工場手工業同時成爲了農民對於排斥他們賤雇他們的行　之逋逃藪，就如以前行幫城市對於農民曾做過逋逃藪的一樣。

工場手工業之開端同時是流氓成羣之時代 這起因是由於封建的扈從之廢止，事奉帝王以鎮壓羣諸侯的烏合的軍隊之解散，由於農業之改良與廣袤的農畝轉化成爲牧場了。由這兒已經可以知道，流氓成羣是怎樣和封建制之解體有密切的關係。在十三世紀時這樣性質的零碎的時期是已經出現過的；而這流氓成羣，其一般地永續地是出現於十五世紀之末，與十六世紀之初。這些流氓，其數之多例如英國在亨利八世時竟絞殺到七萬二千人的，費盡了極大的困難，受盡了極端的苦厄，而且經過了長時期的抗爭之後，才勉強達到了從事於勞動的地步 工場手工業之迅速的繁榮，特別是在英國，漸漸地把他們收吸了。

有工場手工業之興，各種國民因而走入於一種競爭關係，入於商業鬥爭，這鬥爭是由戰役，保護關稅，與輸入禁止之形式，爭鬥到了盡頭，然而在以前的時代，這些國民凡是在有連絡之範圍內，彼此間是營行着不相侵害的交易的。商業從此以後才帶着了政治的意義。

有工場手工業之興 同時工人對於雇主也發生出了一種不同的關係。在行掵中夥計與老板間是有一種宗法的關係存續着的 在工場手工業中代之而起的是工人與資本家之間的金錢關係；這一關係，在鄉村與小城市中仍然帶着些族長制的色彩，而在大規模的本色的工場手工業中，則早已差不多把族長制的色彩全盤失掉了

工場手工業與同一般地生產之運行，因爲有由美洲與通向東印度的航路之發現而發生的交通上之擴張，便得到了一種異常的飛躍。由那兒所輸入的新的生產品，特別是多量的金與銀，這走入流通中，把階級相互間之地位全盤變更，對於封建的地主與勞動者給予了一種沉重打擊，還有探險隊，殖民事業，以及最主要的是到了現在才成爲可能而且日日愈見在成立着的商業市場之向世界市場之推廣，這些情形在歷史的進展上喚起了一個新的階段，關於這層一般上不便在這兒詳述。由新發現地之殖民，國民間之商業鬥爭得到新的滋補與相應的大規模的擴張與劇烈。

商業與工場手工業之擴張促進了可動的資本之累積　其在對於擴張的生產毫不受若何刺激的行擦制內，自然發生的資本停滯着不動，甚且還曾減少。商業與工場手工業製造了大布爾佐亞氾，小布爾佐亞便集中在行擦裏面　他們不再如以

前那樣 在城市中支配着 却是不能不屈膝於大商業家與工場主之支配 所以行制一和工場手工業接觸 便衰頹了下來。

諸國民相互間在其交通中的關係 在我們已經敘述過的這個期間 是取着兩種不同的姿態。在初是金銀之流通數量過少，招來了金銀輸出之禁止 還有因爲對於膨脹着的城市住民須得授以職業，於是遂成爲了必要的，而且大多數是由國外輸入的實業，那是不能不有特權，這特權之賦與不消說不僅對於國內的競爭，而且主要地是對於國外的競爭。地方上的行擀特權在這初起的禁閉中是擴張於全國的。厘稅之起源是出於買路金銀，這是封建諸侯對於通過於其境內的商人作爲掠奪之代價所賦課的，這種買路金銀，後來由城市們也賦課了起來，這在近代的國家之出現時是爲國庫進錢的最簡便的方法。——美洲的金與銀之出現於歐洲市場，實業之逐漸的發展，商業之長足的飛躍，以及由之而喚起的非行擀制的布爾佐亞汜與貨幣之繁昌，對於這些方案給與了一種不同的意義。每日愈見不能不要貨幣的國家，現在是由財政的顧慮上續行着金銀輸出之禁止 布爾佐亞汜呢？這從新被投到市場上的大量貨幣對於他們是收獲暴利之主要對象物 他們是完全以此滿足的；向來的諸種特權遂成爲政府之收入源泉，對於貨幣而變賣了；在稅徵立法中便有種種輸出稅出現，那對於實業是只有防礙 純全是爲的財政上的目的。

第二個時期是出現於十七世紀之中葉 而將近綿延到十八世紀之末期。商業與航海業比較工場手工業更是長足地進展，後者僅演着副脚；各殖民地開始成爲了有力的消費者，開闢着的世界市場成爲各國收獲暴利之域，大家都競爭着去榨取。各國經過了長久的鬥爭均沾到開闢着的世界市場。這個時期以種種航海條例及殖民地獨佔而開始。各國民彼此間的競爭由關稅 由海禁 由各種條約，盡可能地得到避免 在最後一瞬間這競爭戰是以戰爭(特別是海戰)來解決，來定奪雌雄。海上最強盛的國家，英吉利，在商業上與工場手工業上得到優越權。在這兒已經是專向一國的集中了。——工場手工業在國內市場繼續地是由保護關稅，在殖民地市場是由獨佔，在外國則盡可能的是多由差別關稅所保護着的。本國鄉村中所產出的原料之加工受着保護(英國之羊毛與麻，法國之絲) 內地所產生的原料之輸出受着禁止（英國之羊毛）而外來原料之輸入則閒却或加以彈壓（英國之於棉花）。支配着海上通商以及殖民勢力的國民，自然會保障着工場手工業之質量雙方的最大的進展。工場手工業一般地是不能不要保護的，因爲它由別國的的極輕微的變革都會失掉自己的市場，而被毁滅；它在某種程度的有惠的條件之下在一國之中容易樹立起來，因而也容易傾敗。它同時由那經營方法，特別是十八世紀時在鄉村間所行使着的方法，和大多數的個人們之生活關係是膠漆着的，所以無論那一國都不敢容許自由競爭以害危它的生存。所以工場手工業只要它能夠辦到輸出，便完全和商業之伸縮有密切關係，對於商業所播及的影響比較地很鮮少。故所以它只有副次的意義，故所以商人在十八世紀是大有威勢。商人特別是船主，是最迫切地要求着國家之保護和獨佔的；手工業工場主自然也在希望也在接受着保護，但在政治的意義上總是步在商人之後塵。商業都市，特別是沿海都市，在某種程度是文明化了，成爲了大市民的，而工場都市則依然保持着最大的小市民性。參看愛欽(Aikin)*，等等，等等。十八世紀是商業之世紀。潘妥（Pinto）說得很明

* 愛欽，指John Aiki Description of he Co ntry brom 30 to 40 miles ronnd om mhe st r London 1795.

自『商業是現世紀之驕子』，又說『自曩者以來　除商業　航海　與海軍之外　沒有甚麼問題』。——（註）

（注）此二句引自Isaac Pinto所匿名出版的書籍　T　ite d　l　circnlation et d　redit Amst dom1771.第 34及283葉。

資本之運行　雖然顯着地受了促進，但總還是比較地緩慢的。世界市場之分割爲零碎的部分　一一爲各個專屬的國家所搾取，生產本身之幼稚，以及剛好才從第一階段發展出的貨幣制度，十分地把流通阻礙了。其結果是生出一種市儈的卑鄙的精神，這到現在依然是膠付在一切的生意人和全般的商務上。這些人比較起手工業工場主乃至於手工業者，雖然是大資本家，是布布佐亞，但比較起次一期的商人與實業家則依然是小資產階級。參照亞丹斯密（Adam Smith）。

這個時期之特徵，還有是金銀出口禁之廢止，貨幣貿易，銀行，國債，紙幣，股份投機，公債投機，一切貨物之交易所等之成立，以及一般地貨幣制度之形成。資本把還膠付着的自然生長性又失掉了一大部分十七世紀中商業與工場手工業不斷地向英國一國之集中 爲這一國漸漸地造出了一個相對的世界市場，同時也就造出一國對於這一個之工場手工業品之需要，這由向來所有的實業上的生產力已經不能滿足了。這項把生產力超長過了的需要，是喚起了自中世紀以來的私有財產之第三期的原動力，因爲這需要把那大規模的實業——種種元行力量（如水力火力等）之向工業目的上之應用，機器，與大規模的分工——產生了出來。這個新時期之其它的諸條件——本國內之自由競爭，理論的力學之完成（由牛頓所完成的力學在十八世紀一般地是英法兩國最通行的科學），等等，等等，在英國已經是存在着的。（本國內之自由競爭一般地都是由革命所開拓出的——在英國是一六四〇年與一六八八年 在法國是一七八九年。）這競爭立地逼着那個想維持着它的歷史的地位的國家，不能不用新的關稅政策來保護自己的工場手工業（舊的稅制對於大工業已經是不中用了），不得不立地把大工業移植在保護關稅之下。大工業儘管有這些保護手段但終竟把競爭一般化了（大工業本就是實踐的商業自由，保護關稅在它只是一種緩和劑，是商業自由中的一種防禦手段） 成立了交通機關與近代的世界市場 征服了商業，把一切的資本都轉化成爲工業的資本，以之而產出了迅速的流通（貨幣制度之完成）與資本之集中。它由這全面的競爭逼得一切的個人都把自己的精力緊張到盡頭。它盡可能地消滅了學理，宗教，道德，等等，它有所不能消滅的，便把來弄成明明白白的虛謊。它使每個文明的國家及每個人在其諸多慾望之滿足中與全世界相關聯，把各個國家向來所自然生長的閉關主義消滅了，在這個範圍內它才第一次產生出世界史來。它把科學隸屬在資本之下，從分工上剝去了最後的自然生長性之外觀。凡是，在勞動之內部可以辦到的，它一般地把自然生長性消滅了，把一切自然生長的關係融解爲貨幣關係。它造出了近代的大工業都市來代替自然生長的城市，那在一夜之間便成立了起來。凡它所衝過的地方，把手工業和實業之一切的初階一般地都衝破了。它完成了城市征服鄉村之勝利。它的印號是自動的機關。它產出了大量的生產力，私有財產對此又成爲了一種桎梏，恰如行擋之對於工場手工業，小規模的鄉下經營之對於發展着的手工業一樣。這些生產力在私有財產制下只得到一面的發展　其多面則成爲了破壞力　而且這種生產力之大多數在私產制度下是全然沒有得到利用的。它一般地在四處產出了社會上的階級間之同種的諸關係，因而把各個國民性之特異性消滅了。最後是，每一國之資產階級還兢兢於固執着國民的利害時，這大規模的工業已經造出了一個在萬國中有共同的利害，早已把國民性消滅了的階級，這一階級，實際上是脫離了整個舊世界，而同時與之成爲對立。大工業對於工人不僅造出了對資本家的關係，並且使工作本身也苦到了難堪。

大工業在一國中不是任何地方都達到同一完成之高度，那是自明的。但是這却不能阻止無產階級之階級運動，因爲由大工業所產出的無產者是進行在這項運動之尖端，把全體的大衆帶着同走　又因爲被大工業所除外了的工人由這大工業被陷到比那大工業中之工人更要壞一層的生活狀態。有大工業發達了的國家們，對於多少是非工業的國家們，只要這後者是由世界交通被牽引進了世界的競爭戰裏面，其影響也是同樣。

這些不同的形態同時也就是勞動之組織形態，與同財產之組織形態。在每一個時期中，凡爲慾望所要求着的範圍內，都是有一種存在着的諸生產力之結合的。

諸生產與交通形態間之矛盾　我們已經知道在向來的歷史中是出現過好幾次的，並沒危害到歷史之基礎，每次都必然地爆發爲一次革命，在那時這矛盾同時會取着種種不同的副次的姿態，爲衝突之總匯，不同的階級之衝突之總匯，爲意識之矛盾，如思想戰及其他，政治的鬥爭及其他。從一種偏險的視點出發時，會從這些副次形態中抽出一種　視以爲這場革命之基礎，這種觀察是容易幹出的，革命所由以出發出的個人們　應着自己的教養程度與歷史的發展之階段，對於自己本身的本領抱有諸多幻想時　尤其容易。

歷史中之一切衝突，照我們的觀點看來，不消說是在諸生產力與交通形態間之矛盾中有其根源。還有是這種矛盾，爲要在一國中引發到衝突，是用不着要在該國中被逼到盡頭。由發達了的國際的交通所喚起的與工業發達的諸國之競爭足以使工業未發達的國家產出一種類似的矛盾（例如德意志之潛伏着的無產階級由英吉利的工業之競爭而顯出了水面）。

競爭雖使個人們集合，然而也使個人們分離　不僅資產階級如是　無產者彼此間之分離更甚。所以要到這個人們能夠結合，那很要費一個長久的時間，而對於這結合——假定它應該不單是局部的——所必要的手段，卽是大的工業都市與價廉而迅速的交通須得由大工業先建設出來的事情，還是放在言外的，所以每一種組織的力量對於這些被分離者以及生活在日日把分離再生產着的關係中的個人們，要經過長久的鬥爭才能克服。要求其反面，那剛好就像是去要求在這一定的歷史時期中不可有競爭存在，或者是叫個人們應該把他們以分離者之資格所不能控制的諸多關係，從腦中逐出。

家屋之建造。在野蠻人，每個家族有自己的穴居或茅舍，也就和遊牧人每個家族有專有的帳篷，這是不待言的。這種被分離了的家庭經濟，由於私有財產之更進一步的發展，才愈見成爲必要。在農耕諸民族，共同的家庭經濟和共同的土地耕作一樣，同樣的不可能。城市之建築是大大的一個進步。然而在向來的一切時期中 分離了的經濟之欲廢止 這和私產制度之廢止是不可分的 由於物質的諸條件尚未具備，已經是不可能。一種共同的家庭經濟之設置 以機器之發達諸多自然力利用之發達，以及許多別的生產力之發達，爲前提——例如自由水煤氣，蒸汽等等，城市與鄉村之廢止。沒有這些條件，那共同經濟再成爲一項新的生產力都會不能夠，那缺乏一切物質的基礎，僅立在空洞的理論的基地上，即是說，是一種無聊的蠢計，充其量只會辦到僧院經濟之地步——可能的事件，是表示在城市之稠密與同對於各種特殊的目的之共同的住所之建築。（監獄，兵營，等等，等等）分離的經濟之廢止，與家庭之廢止是不可分，那是不待言的。

（各人的現狀之所以然，是由國家而然　這句屢屢由聖默克司返復着的說話和那布爾佐亞者布爾佐亞種族之一例也，　根本上是同一的．　這一句說話是假定着，布爾佐亞之階級在構成着它的個人們之前是已經存在　）（註一）每座城市中的市民在中世紀時代爲要抵死地防衛　對於地方上的貴族　不能不團結起來，商業之擴張　交通之成立　使各個城市和別個在同一的利害關係中和同一的敵人鬥爭着的城市　互相知悉。由各個城市之許多地方上的市民團十分漸進地才成立出市民階級。各個市民之生活條件　由於對於既存的諸多關係之對立　同由此對立所必致的勞動之方式，成爲了爲他們全般所共通而與他們各個人是不相關係的諸條件。市民在自行由封建的束縛中解放了的範圍內，他們是造成了這些條件，在由這對於先進的封建制度之對立所條件着的範圍內，他們是被這些條件所造成。各個城市間一有了連絡，這些共同的條件便發展成爲階級條件。這些同一的條件，同一的對立，同一的利害關係，必然地要在大體上在四處喚起同一的習尚。這布爾佐亞汜本身是由於他們的諸多條件才漸漸地發展起來，依據着分工又分析爲種種不同的分派，最後是把一切既存的有產諸階級都收納了，(注二)（而在另一方面他們把大多數既存的無產者及一部分向來的有產者，發展成爲一個新的階級，普羅列塔利亞，）準應着一切既存的財產被轉化爲工業的或商業的資本之程度 個別的個人們要對於別一階級不能不作共同的鬥爭時 才能組織成一個階級 此外他們是自行立在競爭中又彼此成爲敵對，在別一方面階級對於個人們又是自行獨立的 所以這些個人們發現着他們的諸生活條件是註定的 他們由階級之指示得到自己的生活地位與同個人的發展 他們是被隷屬於階級之下。這和各個個人隷屬於分工之下的 是同一的現象，只有由私有財產與勞動本身之廢止才能夠解除。在一個階級之下的個人們之隸屬同時是怎樣發展爲在一切的觀念等等，等等，之下的隸屬 我們是已經敘述過不止一次的。

(注一)這句由馬克思寫在括弧中的文句 是在稿旁用縱線抹殺了的 並附有注意云 「哲學家們之眼中階級先存。」

(注)在此馬克思尙有旁注云 「先是吸收直接附屬於國家的諸勞動部門 其次是吸收一切多多少少的精神上的身分。」

這種個人們之發展，假如在歷史地繼起的身分與階級之共同的生存條件中，在由這些條件所強加於個人們的一般的觀念中，哲學地考察時，那很容易作這樣的想像，以爲種屬或者人在這些個人中發展了出來，或者說個人們把人發展了；這一想像，對於歷史是撇了好幾下重實的耳光。那樣一來人們可以把這種種不同的身分和階級認爲一般的表現之細別，認爲種屬之亞種，認爲人之發展階段。

個人們向一定的諸階級之這種隸屬，在有一個階級，這對於支配階級已經不再有若何特殊的階級利害可以混同的，得以形成之前，是不能夠廢止的。

因分工之故主體的諸力（諸關係）之向客體的諸力之轉化，叫人把關於此的一般的觀念從腦中排除，那是不能因之而被廢止的，要廢止只有由個人們再行把這客體的諸力隸屬於自己而廢止分工。這事沒有共同組織是不可能的。在共同組織中，個人才「能得到」把自己的天分向一切的方面發展的手段，在共同組織中人身的自由也才成爲可能。在共同組織之從來的代用品，國家及其它中，人身的自由只有對於在支配階級之諸關係中發展着的個人們才是可能，而且還只是這些個人們是屬於這個階級的之期中。個人們向來所結合成的　這外觀上的共同組織，對於他們始終是不聽約束的，同時又因爲它是某一階級對於別一階級之團集，所以它對於被支配階級不僅是一種純然空幻的共同組織，而且是一種桎梏。在眞實的共同組織，個人們則於其組織，同時又由其組織，而得到他們的自由。

——個人們始終是由自己出發，但不消說是在所與的歷史的諸條件與諸關係之中由自己出發，而不是如學究們所說的由「純粹的個人　」但是在諸史的發展之進行中，並端的地由在分工之內部所不能避免的社會的諸關係之獨立化，在每個個人之生活間有一種差別生出　只要那生活是人性的　是隸屬於某種勤勞部門與

其部門所附屬的諸條件之下

這話不好作這樣解釋，譬如說利殖者，資本家，等等，等等，是停止了其爲人，實際是他們的人性是由完全决定了的階級關係所條件，所决定，而是在對於別一階級之對立才有差別發生，要他們弄到破產時，又才對於他們自己發生出來。在身分制度中（更甚的是在種族中）這事還是閉覆着的，譬如貴族始終是貴族，庶民始終是庶民，把他們其餘的關係除外，這一層和他們的個性是不可分離的性質。人性的個人對於階級個人之差別，諸生活條件對於個人的之偶然性*，是隨着一個階級之出現才現出，那一個階級，其本身便是布爾佐亞汜之一生產品的。個人們相互間之競爭與戰鬥把這種偶然性才作爲偶然性而產出，而發展。所以在觀念中，個人們在布爾佐亞汜統治之下比以前更要自由，因爲他們的諸生活條件是偶然的，而在實際上不消說他們是更不自由，因爲更是隸屬於客體的勢力之下。身分之差別特別地在布爾佐亞汜與普羅列塔利亞之對立中發生出來。城市市民之身分，職業團體，等等，等等，對着地方貴族而出現時，他們的生存條件，動產以及手工，這些是在他們由封建組織分離以前已經

*偶然性與必然性相反　在此可解釋爲不受制馭性　（譯者）

潛在着的，是作爲對於封建的地權所主張着的某種積極的東西，因而在初又自行採取封建的形態。逃亡的農奴把自己以往的身體性質不消說是視爲對於自己的人性上之偶然事。在這兒他們所爲，正如每個由桎梏中解放出的階級之所爲，但他們不是以階級而解放，是以零碎的個人。更進他們不能越出身分制度之範圍，而只是形成一種新的身分，在新的地位上依然維持着向來的勤勞方法，而更往前發展，在那時他把那勤勞方法由向來的，與它們已經達到的發展不相應的桎梏解放出來。——在無產階級則不然，他們自己的生活條件是勞動，所以今日的社會對於他們總個是成爲「偶然的東西，各個的無產者對於這個東西毫無制馭，也沒有社會的組織把對於這個東西的制馭給與他們，各個的無產者之人性與其強制地受着的諸生活條件，勞動，之間之矛盾，爲他自己發生出來，特別是因爲他在年青時代便被犧牲，因爲他在他的階級中，使他得到轉移向別種階級的諸條件的之機會，他是缺乏着的。

注意：不要忘記的是，農奴們在生存上之必要，以及那種大規模的經濟，件隨着向農奴們的授地之分割而起的，之不可能，已經把農奴們對於封建領主之諸責任輕減到納貢與賦役之平均額，這使農奴們有累積動產之可能，因此容易由其領主之管轄而逃脫，在其前途有成爲城市市民之希望，在農奴之間也生出等級，即是那逃亡農奴已經是半成的市民。在這兒同樣可以了解的，是熟悉一種技藝的隸農得到獲取動產之機會最多。

所以逃亡的農奴們只是把已經現存着的生存條件自由地發展，而希望得到公認，因而在最後一步是達到自由的勞動。而在無產者，爲要主張着人身之自由，則不得不揚棄他自己向來的生存條件，同時是整個向來的社會的，即是勞動。所以他們對於那種形態，社會之個人們向來所於以自行賦與着一種通相的，即是國家，是立在正反對的地位，爲要貫徹自己的人格，他不能不把國家推翻。

由以上所述之全部，可知一個階級之個人們所走入且由共同的利害對於一個第三者所必生的那種共同的關係，時常是一種共同組織，對於這種共同組織這些個人們只要生活在他們的階級之諸生存條件內時，只是作爲平均個人而隸屬着，便是這一關係，他們不是以個人而參預，而是以階級成員而參預。而在革命的無產者之共同組織，他們要把自己的和一切社會成員的生存條件都領在管轄之下，那情形是恰相反對；個人們對於共同組織是以個人而參預。這正是把個人之自由發展與運動之諸條件屬於各個人之掌握的個人們之結合（不消說是在現在已經發達了的諸生產力之假設內），那些條件，向來是委之於偶然，而且對於各個的個人們正由於他們之以個人而分離，由於他們的必然的集合，與分工同時發生，因個人們之離析而化成了外在的束縛的必然的集合，早已是不受人管轄的。關於這些條件，個人們在其中得以享有偶然性的，向來的集合不僅決不是任意的集合，如像民約論中所敘述的那樣，倒當是必然的集合（請參照北美合衆國之形成與南美諸共和國）。在一定的諸條件中不受妨礙地得以享受偶然性的這種權利，人們向來名之曰人身的自由。——這些生存條件不消說只是當時的諸生產力與諸交通形態。

共產主義所以異於向來之一切的運動的　是要推翻一切向來的生產與交通之

諸關係，要把一切自然生長的諸前提第一次用着意識作爲向來的人類之創造物而處理，剝掉它們的自然生長性，使隸屬於團結着的個人們之勢力下面。所以它的施設本質地是經濟的，即是這種團結之諸條件之物質上的建設，把現存的諸條件化爲團結之諸條件。共產主義所創造的現狀，正是使那離開個人而獨立的一切現狀，其實這些現狀不外是向來的交通乃至個人本身之一成果，成爲不可能的之眞實的基礎。所以共產主義是實踐地把這些由向來的生產與交通所產出的諸條件作爲非有機的而處理，在這時並不幻想着對於它們提供出資料的是歷代之計劃或豫定，也不相信這些條件對於創造它們的個人們是非有機的。

人性的個人與偶然的個人間之差別並不是概念差別，而是一個歷史的事實。這個差別在種種不同的時代有種種不同的意義，例如身分在十八世紀時對於個人是偶然物，便是家族也多少是這樣。這一個差別並不是我們對於每一個時代所不能不形成的差別，而是每一個時代在各該時代所現存着的種種不同的成分之下所自行形成的差別　而且不是依據着概念，却是由物質的生活衝突所迫逼而形成。

凡是與前代對照着在後代看來是偶然的東西，由前代傳承下來的諸成分不用說也是一樣，是一種交通形態，與生產力之某一限定的發展相應的交通形態。生產力對於交通形態之關係是交通形態對於個人們之營爲或活動之關係。（這種自我活動之基本形態自然是物質上的，而與其它一切精神上的，政治的，宗教的，等等緊相關聯。物質的生活之種種不同的形成，自然是始終依存於已發展了的諸多慾望，而且這些慾望之產生與其滿足本來便是一種歷史的過程，這種過程在羊犬之類是絕對沒有——斯迭訥之反對人類的偏頗的主要論證*——，不過羊與犬在其現在的姿態之內不消說　但不是它們的本意，是一種歷史的過程之產物。）個人們在矛盾尚未出現的期間，彼此在其下交通着的諸條件，是屬於他們的個性之諸條件，對於他們並不是外在物，這些條件，即是在一定的諸多關係中生存着的，既定的個人們在其下方能產生出他們的物質的生活與同和物質的生活緊繫着的物

* Sirmer於其所著唯一人者及其所有中，論及人類向來標榜着理想　使命，當爲等等以求精神的文化的慾望之滿足，乃沒却自性，乃人類之墮落，反不如毫無理想之羊犬等之不失其本然云云。故此即針對其說而駁斥之。（譯者）

什的，也就是他們的自我活動之諸條件，而是由這自我活動所生產。個人們在其下生產着的，既定的條件，在矛盾尚未出現的期中，所以是和他們現實的被制約性，和他們一面性的存在，是相適應的，這一面性由盾矛之出現才得表現出來，所以不用說是只在後期才存在的。到那時這條件便顯示爲一種偶然的桎梏，到那時覺得它是一種桎梏的那種意識　覺得在前期也是存在。

在初是顯示爲自我活動之諸條件，繼後却顯示爲其桎梏的，這些種種不同的條件，在全歷史的過程中，形成着諸多交通形態之相聯繫着的一個系列，其聯繫是存於，代替那前期的，已經成爲了桎梏的交通形態，有一種新的，對於更發展了一層的諸生產力與因之而進展了的個人們之自我活動之形式相適（交通形態）發生出來，這新的它的輪次上又成爲桎梏，其次又被一種別的交通形態來代替。因爲這些條件適應於諸生產力之同時的發展之每個階級，所以它們的歷史同時是自行發展的由每個新的世代所傳承着的諸生產力之歷史　因之也就是個人們本身之諸多力量之發展之歷史。

因爲這種發展是自然發生地生長着的，卽是說，不是歸屬於自由團結着的個人們之一個總計劃，所以它是由種種不同的畛域，種族，國民，勞動部門，等等出發的，這其中之每一種在初都是各不相關地發展，繼後才漸漸地互相關聯了起來。更進這種發展之進行是十分迂緩的，種種利害關係之種種不同的階段決沒被完全克服，却只是隸屬於優勝的利害，在其旁還要偷走過好幾世紀。由這兒所生的結果是，個人們便在一團之內，就把他們的諸多財產關係姑置不論，都是有完全不同的種種發展，其次是一個前期的利害關係，其固有的交通形態已經由一個屬於後期的者被篡奪了，而它在和個人們對立着的獨立化了的外觀上的共同組織（國家，法律）中長久的期間依然還保有着一種傳統的勢力，這一勢力，在最後是只有由革命來破壞的。以下的事實由此可以得到說明，便是凡在關於可以容許一個比較普遍的概觀的，之各個的論點上，意識何以往往顯示得比同時代的經驗的諸關係更要前進，何以在後期的戰鬥中人們竟能夠把前期的理論家仰爲先覺。——如像北美那樣，創國於一個業已發展的歷史期中的國家們則反是，發展在其中是進行得異常迅速的。這樣的國家們，除掉在那兒移殖着的乃至因故國之交通形態不能適合自己的慾望乃立志來移殖的個人們之外，並沒有若何自然發生的別的前提。所以它們是以故國最進步的個人們，因而也是以適合於這些個人們的最發展的交通形態而開始的，其時期尙在這些交通之形態能實現於其故國之前。這個情形是一切殖民地所共通，只要那些殖民地不是專爲軍事或商業之根據地 加爾達果，希臘諸殖民地，以及十一世紀與十二世紀時之愛斯蘭島，便是例證。同樣的關係在征服上也有 便是在別的地方已經發展了的交通形態作爲既成品而輸入到這被征服的土地來，一方面這些交通形態在征服者之本國還爲舊時代之利害與諸多關係所阻礙，而在新被征服的土地則爲征服者確保其威力之繼續起見，可以而且不能不完全地無阻礙地見諸實施（受諾爾曼人征服後的英格蘭與拿坡里得到了最完全的建設組織之形態。）

征服之事實好像和這全部的歷史觀是相矛盾。人們向來是把暴力，戰爭，掠奪，屠殺，等等，等等，弄成爲了歷史之推進力的。我們在這兒只能局限在主要論點上 所以我們只舉出那極顯着的例證 便是舊的文明由野蠻的民族之破壞與社會之新的組織之復興。（羅馬人與野蠻民族，封建制度與加利亞人，東羅馬帝國與土耳其。）戰爭在侵略的野蠻民族，如上面業已暗示着的一樣，還依然是一種合規則的交通形態，人口之蕃殖在傳統的對於該民族是唯一可能的粗野的生產方法之下愈見造出對於新的生產手段之慾望時，戰爭是愈見劇烈地被其利用。在意大利則不然，那是由地權之集中（其原因由買佔與負債之外，還有由於承繼，因爲淫風盛行，結婚稀少，世家舊族日漸死滅，而其財產遂落於少數人手裏），與地權之向牧場之轉變（這除掉由通常的，在現在猶適用的經濟的原因之外，更由於被掠奪的與貢獻的穀物之輸入，與因而發生的對於意大利的穀物之需要者之缺之），自由的人民差不多消滅了，便是奴隸也日漸死亡，不能不時常由新的來替補。奴隸制依然是全體的生產之基礎。位於自由民與奴民之間的平民，全未脫掉游民(Lumpe p oletariat) 之境域。一般地說來，羅馬還沒有超過城市範圍，與各省差不多僅有一種政治連接，這連接自然是又可以由政治的事件來打破的。

從來的人以爲歷史中是只有**奪取** 比這種觀念再平凡的東西是沒有的 野蠻

人奪取羅馬帝國，以奪取這個事實以說明由舊的世界向封建制度之推移。但是在由野蠻人奪取之際，所當問的是被奪取的國民會否發展了實業上的諸生產力，如像在近代的民族一樣，或者是該問它們的諸生產力是否主要地單是安置在它們的結合與共同組織上。奪取，更進一步是由被奪取的對象物所條件着的。一位利殖家在紙上存立着的財產，假如你奪取者不委身於被奪取的地方之生產與交通之諸條件下，那竟是完全不能被奪取的。一個近代的產業國家之總個的實業的資本也是同樣。最後是奪取在四處都是很迅速地終結的，假如沒有再可被奪取的物什，那人們是不能不開始生產。由這生產之必然地很迅速地出現，結果是由安定下了的征服者所採取的共同組織之形態必然地要準依着已存的諸生產力之發展階段，假使這種辦法本來就不可能，那必得準依着生產力而改變社會。由此可以說明一個事實，凡在民族移動之後四處可以見到的，便是奴隸乃是主人，征服者由被征服者立卽學到言語，教養與禮儀。*——封建制度決不是已成地由德意志國帶來，其起源在征服者方面却是在征服期中之戰鬥的軍事組織中　這在征服之後由於

* 滿人之侵略中國正是絕好的例證。（譯者）

被征服的諸國土中之已存的諸生產力之協力才發展成爲了眞正的封建制度。這個形態是怎樣劇甚地爲諸生產力所條件，那想施行由古代羅馬的遺制中所發生出的別種形態而失敗了的企圖，是證明着的。（查爾斯大帝　等等，等等。）

在大規模的工業與競爭中，個人們之總個的生存諸條件，諸限定性，諸片面性，是融匯成爲兩種極簡單的形態：私有財產與勞動。一有貨幣出現，每種交通形態乃至交通本身對於個人們被置定而爲偶然。所以在貨幣中已經有這個事實，便是一切向來的交通只是在既定的諸條件下的個人們之交通，而不是以個人資格的個人們之交通。這些條件歸納成爲兩種——累積的勞動卽私有財產，或實際的勞動。二者或二者之一如一廢止，則交通立地停頓。就是近代的經濟學家們，例如西士孟第(Sism ndi)，顯庇烈(Cherbuliey)，等等，也把個人之聯合與資本之聯合作爲對立。在另一方面個人們本身是完全隸屬於分工之下，因之而彼此間是被置在最完全的依存關係裏的。私有財產，凡是它在勞動內部，與勞動爲對立的範圍內，是基因於集聚之必然性而發展，在初大抵總取的是共同組織之形態，但在更進的發展中愈漸愈漸地與私有財產之近代的形態接近。一有分工，本來也就有工作諸條件，工具與資料，之分割，因之而有集聚的資本之向種種不同的財主們之分裂，因之而有資本與勞動間之分裂，並財產本身之種種不同的形態。分工愈見完備，集聚愈見成長，則此分裂也就愈見尖銳化。勞動本身是只有在這種分裂之前提下才能成立的。

（個個民族們之個人們之人身的勢能——德國人與美國人——勢能已經由人種之混交——所以德國人是痴呆——在法國，英國，以及其它別種民族移植到了已經發達了的基地，在美國是移植到了一種全新的基地，在德國則自然發生的人口死死地保持着原狀。）*

此節乃未寫成之文字，僅於字字按照原文直譯。（譯者）

就這樣在這兒是表明着兩種事實。第一是諸生產力是顯示爲由個人們完全獨立而分離了的東西，顯示爲與個人們並列的一種獨自的世界，其原因是個人們，其諸多力量卽是諸生產力的個人們，是分裂着，而互相對立着，而其實這些力量在另一方面卻只是在這些個人們之交際與聯絡中才是現實的力量。所以在一方面諸生產力之總和，這可說是採取着一種具體的形態，對於個人們本身不再是個人們之力量，而是私有財產之力量，因而便只是財主者的個人們之力量●諸生產力在以前的時代對於個人們者的個人們決不會採取過這樣無可無不可的姿態，因爲個人之交通本身依然還是一個受着制限的。在另一方面，大多數的個人們和這些生產力是對立着的，這些力量從他們脫離了，因而他們是被人把一切現實的生活內容剝奪了的，是成爲了抽象的個人們，然而他們是由此才達到以個人們之資格而互相連接的地步。在其中他們還和諸生產力與他們自己的生存保存着關係的，那個唯一的連接，即是勞動，在他們是已經把自我活動之一切外觀都失掉了，僅僅在維持着他們的生活，以使他們的生活可憐。而在以前的時代自我活動與物質的生活之生產，因爲是屬於種種不同的個人，故爾分離，而物質的生活之生產，因爲個人們本身之局限性但還認爲是一種副次的自我活動，而現在竟落到這樣的乖離，竟使物質的生活一般地顯示爲目的，這種物質的生活之產生，即是勞動（這在現在是唯一可能的，但如我們已經見到者，是消極的自我活動之形態），是顯示爲了手段。

所以現在竟也就達到了這一步，便是個人們不僅爲要得到他們的自我活動，而且一般地就在爲要確保自己的生存上，都已經不能不把已存的諸生產力之總匯佔有。這佔有第一步是由可以佔有的對象物——即是發展成爲了一個總體而只有在世界的交通之內存在着的諸生產力——所條件着的。所以這佔有從這一方面說來已經是不能不有一個適應於諸生產力與交通的世界的特性。這些力量之佔有其本身不外是適應於物質的諸生產用具的個人的諸多本領。諸生產用具之總匯之佔有所以已經是個人們本身中諸多本領之總匯之發展。這種佔有更進是由佔有著的個人們所條件着的。只是由一切的自我活動完全被排斥了的現代之無產者才能夠把他們的完全的，不再是被局限着的自我活動貫徹出來，那是成立在諸生產力之總匯之佔有與因而被實現了的諸多本領之總匯之發展。一切以前時代的革命的佔有是受着局限的；其自我活動由有限的生產用具與有限的交通局限着的個人們，佔有了那有限的生產用具　結果不過是又產出一種制限性而已。他們的生產用具是他們的財產，但是他們自己依然隸屬在分工之下，隸屬在他們固有的生產用具之下。在一切向來的佔有上　大多數的個人依然隸屬在唯一的一種生產用具下面在無產者之佔有則必須把大多數的生產用具隸屬在每個人之下，把財產隸屬於一般。現代的世界的交通，除掉它隸屬於一般之外，無法更使它隸屬於個人——

復次，這佔有是由當得怎樣去實現的方法所條件着的。它是只有由團結，由革命，才能實現，團結由無產階級本身之特性始終是世界的團結　革命一方面是向來的生產與交通方法以及社會的編制之被推翻，另一方面是無產階級之世界的特性與在佔有之貫徹上所必要的勢能之發展，更進是無產階級把一切由向來的社會地位所殘餘在自己身上的東西一概拋掉。

在這個階段上　自我活動才和物質的生活一致起來，這和個人們之發展爲全面的個人以及一切自然生長性之拋却是適應着的事情，其次是勞動轉化爲自我活動，向來的受着條件的交通轉化爲個人本色之交通。由團結的個人們一把全生產諸力奪取，私有財產也就廢止。在向來的歷史中始終有一種甚麼特殊的條件顯示爲偶然物的，而在現在則個人們本身之離隔，每個個人們本身專有的私人營利，才成了偶然已經不再隸屬於分工之下的個人們，哲學家們是在「眞人」這個名目之下，作爲理想而表象着的，而且把我們所論述的全部的過程是解視爲「眞人」之發展過程，把每一個歷史的階段上向來的個人們是由「眞人」來瞞換了，而「眞人」被表示爲歷史之推動力。全部的過程就這樣是被解爲「眞人」之自我疏外過程，這根本地是由於後代的平均個人被推送到前代的，後代的意識被推送到前代的個人。(注)由這樣的顚轉，這本是從實際的諸條件抽象出來的，所辦到的是把全部的歷史轉化爲意識之發展過程。——

(注)這一句馬克思在欄外畫了一條垂直線　注以「自我疏外」之標識

有產者的社會在生產力們之一種既定的發展階段中包括着全部的物質上的交通　它包括着一個階段上之全部商業的與工業的生活，甚至超越於國家與國民以外　雖然它在另一方面而對外不能不自行標榜其國民性，而對內又不能不組織爲國家。「有產者的社會」這個字是在十八世紀出現的，在那時財產關係是已經由古代的與中世紀的共同組織脫化了出來。有產者的社會之爲有產者的社會是要有資產階級之發生，但是直接地由生產與交通自行發展着的社會的組織，這在一切的時代是形成着國家與其它觀念上的上層結構之基礎的，是繼續由同一的名稱所表示着的。（註）——

（注）縮語曾經訂正 原文為「能夠同樣用這個名稱來表示」

C. 國家與法律對於財產之關係

財產之最初的形態 在古代與同中世紀，都是種族財產 在羅馬人是主於由戰爭所致，在日耳曼人則由牧畜。在古代的民族，因為一個城市之中有多數種族同居，所以種族財產是顯示為國家財產 各個人對於該財產之權利是顯示為單純的所有，不過這所有就如種族財產一般一樣，是限於地權。本色的私有財產在古代的民族與同在近代的民族是以動產開始的 ——（奴隸與共同組織）（根據於市民權的所有）在由中世紀顯出頭的諸民族 種族財產是經過種種不同的階級—

——封建的地權，公團的動產，工場手工業資本——而發展到現代的，由大規模的工業與世界的交通所致的資本，即是拋掉了一切共同組織之外觀，把一切於財產之發展上有影響的國家勢力排除了的，純粹的私有財產。近代的國家是適應於這種近代的私有財產的，它漸漸被私有財產主們用租稅來買收了，以國債之故而完全墮落於他們的掌握之中，其存在在乎交易所中的國庫券之一漲一跌，全依係於私有財產主即資本家所給予它的商業上的信用。資本家因爲已經是一個階級，不再是一個身分，所以是受着逼迫要國民地組織起來，而不再是地方地，要給予他們的平均利害以一種普遍的形態。由於私有財產之由共同組織中解放出來，國家遂與有產者的社會平行成爲一個特殊的存在；但它不過是資產階級對內對外對於自己的財產與自己的利害關係之相互的保證上，所不能不採取的組織形態而已。國家之獨立性在今日是僅存在這樣的國土裏的，在那兒所有的身分尚未完全發展成爲階級，在那兒凡先進國中所已被廢除了的身分還在發生作用，還有一種混成狀態存在，因而在那樣的國土裏還沒有某一部分的人民能夠達到支配其他部分的地位。德國便是適用的例證。近代國家之最完整的標本是北美。新近的法國，英國的與北美的操觚者們竟公然說出國家是只爲私有財產而存在 可見這個事實也移入了主觀的意識之中。

因爲國家是支配階級之個人們於以主張其共同的利害，一時代之全有產者的社會於以團結的形態，所以結果是，一切公共的機關都由國家爲媒介，而領受一種政治的形態。因此乃生出這樣的幻覺，覺得法律是根據於意志，而且是根據於由它的實在的基礎被契離了的**自由意志** 這樣一來，於是權利便同樣又可以還元於法律。

私法是與私有財產同時由自然發生的共同組織之解體而發展的。在羅馬人私有財產與私法之發展沒發生更進一步的實業上的與商業上的結果，因爲他們的整個生產方法是始終沒變（大利盤利！）。在近代的民族，封建的共同組織爲工業與商業所解體了的，是以私有財產與私法之成立開始了一個有更向前發展之可能的，新的局面。例如在中世紀經營着繁華的海上貿易的最初的城市，亞瑪爾斐(Amalfi) ，同時也造出了海上商法 只待工業與商業起初在意大利繼後在別的國家中一把私有財產愈見發展了起來 形成了的羅馬私法立即便被採納，仰爲了權威。到後來資產階級得到了充分的力量，覺使諸國王侯深信着藉資產階級之力以推翻封建貴族爲自己的利益；法律之本身的發展便在各國，在法國是於十六世紀，開始了起來，這把英國除外，在各國都是以羅馬法典爲根據的。就在英國，爲要使私法之發達，羅馬法之根本原則（特別是動產權）仍然是不能不被採取了的。——（不要忘記的是，法律和宗教一樣，並沒有本身固有的歷史的。）

在私法中　已成的財產關係是被表述爲一般的意志之結果。使用與濫用之權利（Ius ute diet abute di），其本身一方面是說出私有財產和共同組織已經全無關係的這個事實，另一方面是說出這個幻想，好像私有財產本身是根據於純粹的私人意志，卽是對於物品之任意的處置。在實際上，只要私有財產主不願意看見自己的財產因而連同其濫用權之讓渡於人，濫用之於私有財產主是十分畫定了的經濟上的界限，因爲一般地凡物品僅在其所有者之意念中可說是不成其爲物品，要在交通中要離開了權利關係，然後才成物品，成爲實在的所有　（這一種關係，哲學家們名之曰觀念。）（關係之於哲學家們＝觀念。他們只知道『人也者』對於自己的關係　所以一切實際上的關係在他們便成爲觀念。）（註一）——把權利歸納成純粹的意志的這種法律上的幻想，在私有財產關係之進展中，必然會達到這一步，便是每一個人不必實際上有某種物品，而於該項物品能有法律上的名義。例如由於競爭之結果，土地之地租落空了時，地主雖然有法律上的名義，連同使用與濫用之權，但他是無所可用，假如他沒有充分的資本來耕他的地面時，他所有的僅是地主之空名而已。由這些法律家們之幻想可以說明的是，個人相互間之發生關係（例如契約），在法律家與法典上一般是視爲偶然，還有是這種關係在法典上是視爲人可以自由締結或不締結的東西，其內容是在當事者之個人的任意。新的交通形態總常常是由工業與商業之發展形成了的，【例如】保險等等的商務公司一設立，法律每次都不能不把它們認爲財產獲得之方法。

(注一)這兩句由我們放在括弧內的文句是馬克思寫在紙邊上，沒表示插入地點 但明白地屬於此處

(注二)昂格斯手筆之主稿至此終結。以下一些警語式的備忘錄與標題，是留待日後補充的 一直到主稿之末都是馬克思手筆。

分工對於科學上之影響

在國家　法律　道德　等等方面的東西—壓迫

在法律中資產階級滿知道給自己以一種普遍的表示　正因爲它是以階級而統治之故。

對於顯示爲古代國家，爲封建制度　爲絕對專制的這種共同組織　對於這種聯帶，宗教的諸觀念特別是適應着的。

自然科學與歷史。

沒有政治史，法律史　科學史　等等　也沒有藝術史　宗教史　等等

何故學究們是把一切倒立在頭上

宗教家　法律家　政治家

法律家　政治家（政客一般），道德家　宗教家　對於一階級中這些學問上

的細別，職業由分工而獨立化，每人都各以自己的手藝爲眞職。說到他們的手藝和實際所有的關聯上來，他們是愈見不能不墮入這種幻想，因爲這由於手藝本身之性質上已經是必致的。關係們在法律學，政治學等等之中，在意識之中，是成爲了概念；因爲它們是不越出這些關係一步，而這同一的概念在他們的腦中又是固定的概念，例如法官是應用法典的，所以在他看來立法便是眞正的能動的起動機。招牌總是貨眞價實，因爲他們的買賣是在出賣着普遍性。

法律之觀念。國家之觀念。在通常的意識中萬事是倒立在頭上。

宗教本來※是超經驗(Tran e denz)之意識　發生於【？】實際的智識　更通俗的……

※此語頗費解，疑作「本來不是」　原稿中寫脫了　icht 一字　(譯者)

傳統之於法律，宗教等等

個人們在過去與現在總常常是由自己出發他們的諸多關係是他們實際的生活

過程之諸多關係。他們的諸多關係何由對於他們獨立化了 他們自己的生活之力何由成爲了對於他們的壓制？

一言以備之曰：分工【： ？ 】（注一）依存於當時的發展了的生產力 地權，公家產業，封建的，近代的。城市的財產，工場手工業財產，實業的資本 （註二）

（注一）此處不能讀，疑是 Inwiefern（如何寬泛地。）

（注二）此處是寫在沒記頁數的原稿之背面，其正面由馬克思手筆標寫着七二 則此面當是七三 未稿至此終結。在本面欄外給恪近用鉛筆寫着：

I 費爾巴哈 唯物論的與唯心論的見解之對立

分工與財產之諸形態

這以下的斷片是依據小一份的原稿之後半。接用到這兒是因爲它是主稿大部分內容之總括，此外又可以看成爲上揭馬克思的論述之未完成的結論。標題是編者所附。（原編者）

種種相異的國民間相互的關係，是依存於各該國民究竟把他們的諸生產力，分工，以及國內的交通，發展到了怎樣的程度。這句話是一般人所承認的。但是不僅一國對於別國如是，就是同一國內之整個國內的編制，都是依存於他們的諸生產力與同對內對外的交通之發展階段。一國之生產諸力之發展程度，在分工之發展上是最明顯地表示着的。每種新的生產力，只要不僅是向來所已知悉的生產諸力之量的擴張(例如土地之開墾等)，其結果是生出一種分工之新的發展。

一國內之分工最初是工業與商業之離開農業，因而是城市與鄉村之分，以及此二者間利害關係之對立。其更進的發展是商業與工業之分離。同時由種種不同的部門內之分工又有在一定的工作上協力着的個人們之種種不同的部類。各個的部類們相互間之地位是由農業，工業，商業之經營法所條件着的(宗法制，奴隸制，門閥，階級)。這種同樣的關係在交通更發展了時表現在種種相異的國民間相互的關係裏。

分工有種種不同的發展階段　同時財產也有種種不同的樣式　即是說分工之各個時期的階段也决定着在資料　工具與勞動生產品之關係上個人相互間之諸關

係

財產之最初的形態是種族財產　那適應着未發展的生產階段，在這個階段上民族之生活是靠着漁獵，靠着牧畜，或者頂多是農業。在牧畜或農業上所必需的是要有多量未開墾的土地。分工在這個階段上還很少發達，僅是家族中所有的自然發生的分工之更進了一步的擴張而已。社會的編制所以只是在家族之發展：家長式的酋長，其次是族人，最後是奴隸。在家族制中潛伏着的奴隸制隨着人口與慾望之增殖　隨着對外的交通之擴張（不管是戰爭也好，通商也好），才逐漸地發展起來。

第二的形態是古代的公家與國家之財產，這特別是由多數種族之由契約或征服統一而爲城市所發生出的在這制度之下奴隸制是依然存續。在公家財產之外已經有可動的私產發生　隨後更有不動的私產，但是是一種反常的　隸屬於公家財產的形態。這些公民只在他們的共同組織之內有支配勞動着的奴隸們之威權，因此已是被拘束在公家財產之形態上的。公家財產是能動的公民們之共同的私有財產　他們對於奴隸是不能停滯在這種自然發生的協同之方式內。所以以奴隸爲基礎的整個社會編制，帶同着民族之權力，應着特別是不動的私產之發展，便崩潰了下來。分工是已經更見發展了。我們已經看出城市與鄉村之對立，隨後是國家間之對立　各各是代表着城市的與鄉村的利害關係，在城市本身之內部又有工業與海外貿易之對立。市民與奴隸間之階級關係是已經完全形成了的。「在羅馬的庶民中　我們起初是看見小地主，隨後是看見無產者之濫本　但這無產者位於市民與奴民之間全然沒有發展…」

隨着私有財產之發展在這兒才出現了一種同樣的關係，就和現代的私有財產中所見的一樣，只是現代的規模更大而已。一方面是私有財產之集中，這在羅馬很早地便開始了（證據是黎其尼的土地法）自從市民戰爭以來，特別在皇帝治下是長足地進展着的，另一方面與此相關聯着的庶民的小農之向無產者之轉化　但這只位於有產的市民與奴民之間而沒有獨自的發展。

第三的形態是封建的或領主的財產。如古代是由城市與小的領域發軔，則中世紀是由鄉村發軔。既存的稀薄的，在一個廣大的地面上零散着的人口，由征服者手中沒有到得多大的增殖，所以生出這樣不同的出發點。所以封建的發展與希臘羅馬（譯者案：卽古代之意）成正反對，是開始在一個由羅馬的征略與因之而招致的農耕之普及所提供出的，更廣漠的地面之上。羅馬帝國沒落期之最後的一兩世紀與同野蠻人之蹂躪，破壞了大多數的生產力；農業衰頹了，工業因銷路之缺乏而萎靡，商業沉睡了或是遭了破壞，鄉村的與城市的人口都減少了。這些既存的關係與同因之而招致的侵略之組織方法，在日耳曼的軍事組織之影響下，使封建的財產制發展了起來。那和種族財產與公家財產一樣，又是根據在共同組織上的，但這不再像古代一樣是奴隸作爲直接的生產階級而對立，而是身爲人有的小農。隨着封建制度之完成，同時對於都市又生出對立的關係。土領之教權式的編制與同和此關聯着的武裝的侍衛給予貴族們以統治隸農之權力。這種封建的編制正和古代的公產一樣，是對於被統治的生產階級之一聯合　所不同的只是聯合之形態與對於直接的生產者之關係而已，因爲是有不同的諸生產條件存在。

和這種土領之封建的編制相適應的，在城市中是行擺的財產，手工業之封建的組織。財產在這兒主要地是存在於各個人之勞動。對於聯合着的強盜貴族之聯合的必要，在製作者同時兼是商人的那樣的時代，其共同的市口之必要，向蕃榮

比較廣大的土地之統一爲封建的王國對於領主們與同對於諸城市是一種必要。統治階級，貴族，之組織，所以到處都是頂戴着一個君主。

（注）原稿至此中輟。

城市奔湧而來的逃走了的隸農之日益劇烈的競爭，普遍於全國的封建的編制，把行幫制發生了出來，各個手藝人漸漸搏積下了一些小資本，人口雖然增加而他們的人數卻是固定，這便展開了幫夥與徒弟關係，這在城市中便生出一種同樣的教權制和在鄉村的一樣。

在封建時代之期中主要財產就這樣一方面是構成於地權與同連帶着的隸農勞動，另一方面是自己的勞動兼有支配着幫夥之勞動的，些小的資本。兩方面之編制是由受着局限的諸諸產關係——鮮少的粗率的農耕與手工式的工業——所必致的。分工在封建制度繁榮期中還未發達。每一國之國內都有城市與鄉村之對立，身分之編制雖說極其顯明，但在鄉村中除掉王侯，貴族，僧侶　農夫之外，在城市中除掉老板，夥計，徒弟，以外及暫時的日傭貼腳之外　並無何等明白的分劃。分工在農業上因小作之故礙難實現　在農人之家庭工藝中倒是存在的　在工業中則各個的手藝並未分開，就有也很少。工業與商業之分離在年代較古的城市中是存在着的，在新起的城市中要在城市與城市彼此發生關係時，隨後也才展開了出來。